"마음을 읽으라! 감성의 시대가 가까이 왔느니라!"

심리청백전!

나를 이기고 상대를 읽는 심리학!

글과길

심리청백전!

이경재 지음

발행일   2022년 11월 13일
발행인   김도인
펴낸곳   글과길
          등록 제2020-000078호[2020.5.29]
          서울특별시 송파구 삼학사로 19길5 3층 [삼전동]
          wordroad29@naver.com
편집   이영철
디자인   디자인소리 ok@dsori.com

ISBN 979-11-978184-4-8   03180
가격 13,000원

인류 최장 베스트셀러 '바이블텔링'으로 풀어보는

마음 읽기 심리학!

신과 악마가 싸우고 있다.

그리고 그 전쟁터가 바로 인간의 마음이다.

도스토옙스키

차 례

셋째 마당
심리 용어로 읽는 '바이블'텔링

마지막 마당
심리학 사용 설명서

추천사

"하나님 마음이 뭐예요?"
"당신 마음을 알고 싶어요. 당신 마음을 보여주세요!"
"내 마음을 보여줄 테니 당신 마음도 보여주세요!"

사람 마음을 읽어야 한다고 말한다. 사람 마음 읽기 쉽지 않다. 사람 마음 읽겠다고 덤볐는데, 오리무중일 때가 많다. 첩첩산중과도 같다.

사람 마음을 알고자 한다면 이 책이 딱이다. 이 책은 심리를 운동회 청백전 개념으로 신박하게 풀어냈다.

이 책은 내 안의 심리, 다른 사람의 심리를 곱씹을 수 있게 해준다. 사람의 마음만 읽게 하지 않는다. 성경 속의 수많은 사람들, 야곱, 모세, 엘리야, 사울왕, 다윗, 욥의 마음을 청백전 게임을 하며 재미있게 읽을 수 있다.

그러면 하나님의 마음은 저절로 읽혀진다.

김도인(아트설교연구원 대표, 《설교는 글쓰기다》의 저자)

왜 이 책을 쓰게 되었는가?

"인간의 감정, 인간의 본성을 무시하지 마십시오!"

<연탄길> 이철환 작가의 메시지다. 하지만 작가도 이렇게 말한다. "정말 말이 통하지 않는 사람도 있습니다"라고….

내 안에도 말이 통하지 않는 내가 있다. 이성적이고 합리적인 내가 아닌, 생각지도 못한 또 다른 '나', 감정과 욕망의 지배를 받는 '나'가 있다. 프로이트는 이를 무의식이라 했고 융은 태고유형이라고 했다. 아들러는 유아기적 의존본능이라고 주장한다.

우리는 많은 부분 감정과 욕망의 지배를 받고 있다. 하지만 나는 이성적이고 논리적이며 합리적이라는 착각 속에 산다. 내 생각은 언제나 인과관계가 있고, 그만큼 합리적이라고 항변한다. 마치 범죄자가 붙잡히면 그제야 사건 조각을 짜 맞추고는 자신의 예상이 맞았다고 주장하는 프로파일러처럼, 내 행동은 합리적인 행동이었다고 주장한다. 그렇지 않으면 어쩔 수 없는 상황이었다고 변명한다. 정말 인과관계 속에서 합리적인 판단과 행동이었을까?

콘트롤 타워의 부재

우리가 합리적이어야 하는데 그렇지 못한 이유는 마음의 '콘트롤 타워 부재' 때문이다. 내 감정의 중요함을 알아야 한다. 어쩌면 내 감정을 잘 지켜주고 아껴주는 일이 열심히 돈을 버는 것보다 더 중요하다. 버는 것보다 지키는 게 더 중요하니까. 내 감정을 지키는 것이 돈과 인간관계를 살린다.

대형 참사가 벌어질 때마다 언론과 여론은 사고 원인을 '콘트롤 타워 부재'라 한다. 콘트롤 타워는 우리말로 '통제탑'이다. 마치 공항의 관제탑과 같은 것이다. 관제탑은 높은 곳에서 한눈에 흐름을 보고 방향과 속도를 조절한다. 공항의 관제탑이 비행기 이륙과 착륙을 지휘하듯이 우리 마음의 방향과 속도를 통제하는 관제탑이 있어야 한다.

철학자 최진석 교수의 말이 문득 생각난다.

"거만하게 위에서 자신을 내려보라!"

자신의 감정의 흐름을 읽고 콘트롤 할 수 있는 관제탑이 있어야 한다.

마음 읽기의 달인들

마음 읽기를 잘해야 한다. 세상에는 마음 읽기의 달인들이 많다.

"제가 대접받고 싶은 대로 손님을 대접합니다."

40여 년간 외식업에 종사하면서 단 한 번도 실패해본 적 없다는 부산 '송정집' 장석관 대표의 말이다.

간판도 특이하다.

<송정집> '자가제면 국수, 자가 도정 밥'

손님들이 번호표를 받고 기다리는 동안 매일 아침 도정할 때 나오는 신선한 미강(쌀겨)을 볶아서 구수한 차를 우려낸다.

대기하는 손님들에게 차를 제공하고, 미강 가루도 "필요한 손님들은 하나씩 가져가세요"라는 문구와 함께 따로 포장되어 놓여있다.

테이블에 앉으면 녹차 물병에 소독되고 있는 수저가 보인다. 녹차의 카테킨 성분이 살균 효과가 있는데, 깨끗한 수저를 보면 기분도 좋아진다.

당일 도정한 쌀로 새로 지은 밥을 손님들에게 무료로 제공하고, 제면할 때는 클래식 음악까지 틀어준다.

"숙성이란 미생물이 활동하는 것으로, 클래식 음악과 관련이 있습니다."

좋은 재료와 2년 이상 제대로 훈련받은 오너 셰프 시스템, 손님에 대한 끝없는 배려가 성공의 비결이다. 맛없는 음식이 나온다는 것은 기적일 것이다.

4~5천 원 정도 하는 국수, 김밥, 만두를 먹는데, 쌀은 오늘 아침 도정을 했고 국수는 클래식을 들은 면발이라면 나는 어떤 기분이 들겠는가?

전역 후, 저녁 시간에 운동 겸 아르바이트로 치킨 배달을 4

개월 정도 했다. 그런데 먼저 들어온 젊은 친구가 귀띔한다.

"사장님은 다 좋은데 느려요."

같이 일해보니 사장님이 너무 느긋했다.

사장님 왈(曰).

"우리 치킨은 한번 먹어보면 다른 것 못 먹어!"

당시에는 오븐에 굽는 치킨이 대세였다. 그런데 맹점이 있었다. 조리해서 나오는 데 30분이 걸린다. 기름에 튀긴 치킨보다 10분이 더 소요된다. 그런데 사장님은 주문이 오면 바로 조리하지 않고 5~10분 정도 늦게 조리했다.

주문 후 5~10분, 조리 30분, 배달 15~20분(당시엔 대면 배달에 계산까지 했다). 아무리 빨리 나와도 50분에서 1시간이 걸려 고객에게 배달된다. 그런데 이것은 선주문이 없을 때 이야기고, 선 주문이 있어 이미 오븐이 돌아가고 있으면 1시간 넘기기가 부지기수다.

배달하는 직원은 늘 불만이었다. 배달 가면 "너무 늦잖아요?"라며, "안 먹어요. 도로 가져가세요"라고 반품을 요구하는 일도 종종 있었다. 점점 주문이 줄어들자 사장님은 사이드 메뉴를 개발한다고 피자와 떡볶이를 시작했다.

주방 아르바이트 여성분은 답답한 나머지 미리 치킨 겉옷을 입혀 준비해놓고자 하는데 사장님은 계속 말렸다. 그리고 또 말씀하신다.

"우리 치킨은 한번 먹어보면 결국 다시 시킨다."

남이 보면 뻔히 보이는데 왜 자신만 모를까? 장사도 심리전 아닌가? 장사꾼들에게는 심리적 전선이 있다. 그것을 '최후의 보루'라고 한다. 그 전선이 그 가게의 운명을 결정한다. 앞에서 소개한 '송정집' 장석관 대표는 40년 동안 모두 대박 가게를 일구어냈다. 작은 카페를 할 때는 심지어 대형 호텔에서 노하우를 배우러 왔다고 한다. 장석관 대표는 이미 '손님의 마음'으로까지 전선을 확장했다. 반대로 치킨집 사장님은 '자기만족'이 마지노선이다.

직장인도, 사업가도, 장사꾼도 다 마찬가지다. 사람들은 딱 자기 수준에서 그 이상도 이하도 안 하고, 자신의 심리적 전선에서 교착상태에 있다. 늘 망하는 사람은 딱 망할 수준만 하고, 현상 유지하는 사람은 현상 유지할 수준만, 그리고 대박집은 대박 날 정도로 열심히 한다.

망하는 기업과 가게는 거래처와 약속도 쉽게 쉽게 어기고 변명만 내놓는다. 자신과의 약속이라는 전선에서도 패배한다. 현상 유지만 하는 기업은 겨우겨우 해서 납품한다. 성장하고 대박 내는 기업은 고객과 거래처의 심리적 전선까지 나가서 전리품을 얻어 온다. 마음을 읽고, 마음을 파고들고, 결국 마음을 얻는다. 마음 읽기에서 시작한다. 결국, 마음속 심리적 전선이 성패를 좌우한다.

나의 심리 전선은 어디 있는가? 혹시 게으름 때문에, 욕심 때문에, 눈치 없는 이기심 때문에 늘 패배하고 울고 있지 않은가? 그래서 책을 쓰기로 마음먹었다.

첫째 마당에서는 **내 마음 읽기**를 한다. 내 안에는 두 가지 마음이 늘 상존한다. 그런데 지금 악당이 지배하고 있다. 그 악당을 물리쳐라. 내 안에 존재하는 가장 시급하고 강력한 최악의 적을 찾아내야 한다. 그러면 우리는 한결 가벼운 마음으로 다시 리부팅 할 수 있다.

둘째 마당에서는 **마음 읽기, 심리전의 달인들을 소개**한다. 역사상 최고의 심리전 달인들과 성경에 등장하는 심리전 사례를 소개한다.

셋째 마당에서는 현대 사회에서 대표적인 **심리 및 정신 장애 사례와 증상 해결 방법**을 성경 속 인물들에서 찾아 배운다.

마지막으로, 배운 심리학을 어떻게 활용하고 적용할 것인가? 이를 통해 마음을 지키고, 성숙한 관계를 관리하는 **지키고 성장하는 삶을 위한 방법**을 소개한다.

이제 나를 이기고 상대를 읽는 심리 청백전이 시작된다.

심리청백전!

왜 마음을 읽어야 하는가?

1. 열 길 물속은 알아도, 한 길 사람 속은 모른다

"우리 아이는 절대 그럴 애가 아니에요"

울부짖는 어머니의 목소리가 귓가에 선하다. 장교로 근무하던 시절, 자살 사고가 나면 여지없이 부모님들이 하는 말이다.

"우리 아이는 절대 그럴 애가 아니에요"

열 길 물속은 알아도 한 길 사람 속은 모른다. 범죄에 연루된 청소년들의 부모님들은 한결같이 상담소에서 이렇게 말한다.

"친구를 잘 못 만나서 그런 거예요. 우리 아이는 억지로 따라다니기만 했지, 주동자가 아니에요"

다들 착각하고 있다. 밥을 먹고, 대화하고, 여행을 같이 다닌다고 해서 내 아이와 친숙하고 원만한 관계라고 착각한다. 하지만 아이들은 밥을 먹을 때 친구와 피자 먹을 생각을 하고, 아빠와 대화할 때는 '무슨 말을 해야 용돈을 타낼 수 있을까?'를 궁리하고, 여행 가면 온통 관심이 또래 이성의 외모와 옷매무새에 빠져 있음을 전혀 알지 못한다.

그러니 이제라도 셜록 홈즈가 되기로 결심하자. 아이의 마음을 읽는 훈련을 시작하자. 아니, 내 마음부터 읽는 훈련을 하자. 나도 나를 잘 모르는데, 내가 우리 아들을 잘 안다고 확신하는 자신감은 어디서 나오는가? 우선 내 마음부터 읽어내자.

그러면 아들의 옷소매에 묻은 먼지가 달리 보일 것이다. 칠판 분필 가루가 아니라 당구장 초크 가루임을 간파할 것이다. 이제 내 머릿속부터 시작해서 탐문하고 증거를 수집하는 사설탐정이 되어보자. 뤼팽이나 홈즈처럼….

설마! 내 아들이 총기 난사를…

1999년 4월 20일 낮 12시 5분, 전화를 받고 40킬로미터 남짓 달리는 동안 머릿속에는 이 한 가지 생각밖에 없었다.

"내 아들 딜런이 다치면 어쩌지?"

집에 오자 남편 톰이 자신이 알게 된 사실들을 쏟아내듯 말했다. 학교에 총격이 있었고, 딜런과 친구 에릭을 아직 찾지 못했다. 경찰이 왔다. 경찰이 우리를 집 밖으로 데리고 나가더니 주차장 진입로에서 기다리라고 했다. 어리둥절했다. 이 사람들이 왜 학교가 아니라 우리 집으로 온 걸까? 경찰은 우리 집에 총기와 폭발물이 있는지 수색에 나섰다.

나는 딜런이 다른 사람을 해치는 일에 자발적으로 참여했다고는 도무지 생각할 수 없었고, 그렇게 믿고 싶지도 않았다. 우리가 사랑하는 다정하고 엉뚱한 장난꾸러기 아들이 누군가에게 속았거나, 협박받았거나, 강요받았거나, 아니면 약에 취하지 않고는 그랬을 수 없는 일이었다.

지역 저녁뉴스 앵커가 '콜럼바인 고교 총기난사 사건'을 보도했다. 스물다섯 명이 죽었다고 말하는 소리가 들렸다. 마을의 모든 엄마가 그랬겠지만, 나도 아들이 안전하길 빌고 있었다. 그런데 뉴스에서 스물다섯 명이 죽었다는 말을 듣는 순간부터 나는 다른 기도를 했다. 딜런이 다른 사람들을 다치게 하거나 죽이는 일에 참여하고 있다면 멈춰야 했다. 엄마로서 가장 힘든 기도였지만, 그래도 그 순간 내가 바랄 수 있는 최대의 자비는 내 아들의 안전이 아니라 죽음이라는 것을 알았다.

"나는 가해자의 엄마입니다"
1999년 열세 명의 사망자와 스물네 명의 부상자를 낸 콜럼바인 총기난사 사건의 가해자 두 명 중 한 명인 딜런 클리볼드의 엄마가 사건을 회고한《나는 가해자의 엄마입니다》의 첫장 내레이션이다. 엄마 수 클리볼드는 대학에서 장애인 학생들을 가르쳤고 지역 봉사활동에도 활발히 참여했다. 누가 보기에도 평범하고 단란한 가정이었고 엄마였다.

평범한 일상에 숨은 공포

다음은 이 사건 가해자 딜런의 부모 클리볼드 부부와 면담한 심리학자 앤드루 솔로몬의 해설이다.

범죄가 부모 탓이라고 생각하는 데에는 크게 두 가지 이유가 있다. 첫째로, 심한 학대와 방치를 겪었을 때 취약한 사람이 비정상적인 행동을 할 수 있다. 어릴 때 잔인한 취급을 받은 아이들은 정반대로 애착 장애를 흔히 보인다. 반복 강박으로 자기가 겪은 폭력을 되풀이하는 경우도 많다. 다시 말해 자기 아이에게 상처 입히는 부모들이 있다. 그렇지만 모든 문제아의 부모가 부모 자격이 없는 사람들이라고 말할 수는 없다. 특히 극단적이고 터무니없는 범죄일수록 부모 탓이 아닌 경우가 많다. 외상에 의해 촉발되었다기보다는 그보다 훨씬 깊고 복잡한 비논리에서 나온 일이다.

둘째로, 범죄가 부모 탓이라고 믿고 싶은 더욱 강력한 이유가 있다. 그렇게 생각하면 우리 집에서는 아이에게 그런 나쁜 짓을 하지 않으니 이런 재앙을 겪을 위험이 없다고 안심할 수 있기 때문이다. 나도 그런 착각을 했기 때문에 잘 안다.

2005년 2월 19일 클리볼드 부부를 처음 만났다. 나는 속으로 클리볼드 부부가 마음에 들지 않았으면 했다. 하지만 두 사람은 정말 너무 좋은 사람들이었다. 그리고 우리 중 어느 부모도 안심할 수 없음을 깨달았다. 결국, 자리에서 일어설 무렵에는 콜럼바인 학살을 일으킨 정신이상자는 어느 가정에서라도 나올 수 있다고 생각하게 되었다. 예측하거나 알아본다는 건 불가능했다.

쓰나미 앞에서는 어떤 대비도 무의미하듯이[1]

나 자신도 나를 모르지만, 더 모르는 것이 상대의 마음이다. 그래서 이철환 작가는 "인간의 마음을 깔보지 말라"고 한다. 엄마 수 클리볼드는 사건이 터진 후에 아들이 우울증을 겪고 있었음을 알았다. 심지어 우울증 약물을 처방받고 복용하고 있는 것도 사건 후에 알았다.

사건 당일도 아침 볼링 모임에 가겠다고 6시부터 기상한 아들에 대해 전혀 이상한 느낌을 갖지 않았다. 그러나 딜런은 자살 성향 우울증 환자였고, 공범이었던 친구 에릭은 살해 성향 반사회적 인격장애였다. 다른 광기가 두 소년에게 상호보완적인 필요조건이었다고 분석한다. 이 둘은 지난 1년 동안 총기 살해를 모의했고, 몇 차례는 시도하다 실패했다.

죽이고 싶은 욕구, 죽임을 당하고 싶은 욕구, 죽고 싶은 욕구

자살을 깊이 연구한 칼 메닝거는 죽이고 싶은 욕구, 죽임을 당하고 싶은 욕구, 죽고 싶은 욕구, 이 세 가지가 합해져야 자살이 일어난다고 말했다.

이를 대입해 보자. 공범 친구 에릭은 죽이고 싶었고, 딜런은 죽고 싶었고, 두 사람 다 자기들의 경험에 신(神)적인 속성이 있다고 생각했다. 둘 다 학살을 통해 자기들이 신이 될 것이라고 일기에 기록했다. 과대망상과 미숙함은 평범한 청소년의 특성이기도 하다.

콜럼바인 고등학교에서 총기 난사가 끝을 향해 치달을 즈음 식당에 숨어 있던 한 사람은 살인범 중 한 명이 이렇게 말하는 것을 들었다고 한다.

"오늘 세상이 끝날 거야. 오늘이 우리가 죽는 날이다."

자기를 외부세계와 동일시하는 유아적 사고의 전형이다.

심리청백전!

나는 나를 알 수 없다. 그리고 타인은 더더욱 알 수 없다. 열 길 물속은 알아도, 한 길 사람 속은 모르기 때문이다. 더 큰 문제는, 알 수 없는 서로가 만나면 더 이상한 일들이 벌어진다는 것이다.

2. 설교하지 말고 느끼게 하라
– 왜 BTS에 열광할까?

　심리 청백전을 쓰게 된 동기는 변화무쌍한 인간의 감정을 읽었으면 하는 바람 때문이었다. 감정을 읽는 방법으로 '공감'과 '감성'이라는 우리 몸의 좋은 도구를 활용했으면 하는 생각이었다.

감성(感性)은 이해력이다

　오감으로 전달된 신체 반응을 해석하는 것이 감성이다. 감성은 감정과 감각으로 입력된 정보를 처리하는 프로세서이다. 감성은 내 마음의 움직임을 이해하고 해석하며 타인의 마음을 역지사지로 배려하는 능력이다.

　감성이라는 처리 장치를 적극적으로 활용하라. 감성을 다른 말로 표현하면 우리가 잘 아는 단어 '공감'이다. 감성을 잘 활용하면 이해심 많고 포용력 있으며 이른바 '끌리는 사람'이 된다.

로고스에서 에토스로, 에토스에서 파토스로

아리스토텔레스는 저서 수사학(The Art of Rhetoric)에서 사람을 설득하는 요소를 크게 로고스(Logos), 파토스(Pathos), 에토스(Ethos)로 구분했다.

설득에서 필요한 첫 번째 도구가 로고스이다. 로그(Log)는 통나무라는 뜻이다. 과거 사람들은 계약서나 법률, 혹은 증거를 돌판에 새기다가 시간과 노력을 줄이기 위해 나무에 기록했다. 대나무 통에 글을 써 남긴 죽간(竹竿)이 그 예이다. 로고스는 문서, 증거, 논증을 의미했는데, 이것이 확대되면서 논리(Logic)의 형태로 발전한다.

역사학자들은 이 시기를 대략 문명 시작 지점인 5천 년 전부터 산업혁명 이전까지로 본다. 이 시기까지는 정경(Canon)을 절대적 기준으로 삼았기에 전통(Orthodox)과 법률, 정경에 대해서 누구도 반론하거나 대항하지 못했다.

그러나 근현대 사회에서는 설득, 즉 에토스(수사학에서 신뢰성 또는 윤리적 호소를 나타내며, 여기에는 관련 인물에 의한 설득이 포함)가 중요하다. 화자의 신뢰성과 윤리성, 다른 말로 솔선수범이 중요하다는 말이다. 화자와 청자의 신뢰를 바탕으로 이루어지는 종교 행위가 설교다. 그러나 지금은 그것으로는 부족하다.

왜 BTS에 열광할까??

청중들이 몰리는 곳을 보라. BTS와 블랙핑크를 왜 좋아할까? 몇몇 젊은 외국인 유학생과 외국인 친구들에게 물어보았다. 왜 BTS가 좋냐고? 그들의 답변은 이렇다. 먼저, 세련된 의상과 무대 매너를 꼽았다. 그리고 쉬운 말, 쉬운 가사를 꼽았다. 노래가 쉽고 따라부르기 쉽다. 가사가 반복돼서 빨리 노래를 배울 수 있다고 한다.

So I'mma light it up like dynamite, woah

Dynnnnnanana eh Dynnnnnanana eh Dynnnnnanana eh

Light it up like dynamite

Dynnnnnanana eh Dynnnnnanana eh

Dynnnnnanana eh Light it up like dynamite

Cos ah ah I'm in the stars tonight

BTS 'Dynamite'의 후렴에서 두 번이나 반복되는 구간이다. 노래 전체가 주로 의성어와 제목 위주의 가사다. 과거 가요는 기승전결 식으로 논리적이었다. 이제는 감정 표출이 우선이다. 의성어와 제목만 반복한다. 그리고 매너와 의상과 춤에 열광한다. 바로 느낌과 감성으로 승부한다.

이제 내 귀에 들리는 단 한마디 가사가 중요하다. 대중은 텍스트(로고스), 콘텍스트(에토스)보다 내 감정(파토스)에 이끌리는 시대가 되었다.

파토스 시대다. 사전에서 파토스(Pathos)의 의미는 '일시적인 격정이나 열정. 또는 예술에 있어서 주관적, 감정적 요소'이다. 이제 감정에 호소하고 감성을 자극해야 설득되는 시대가 왔다. 나는 로고스에서 에토스로, 에토스에서 파토스로 발전하고 있는가? 감정을 설득해 끌리고 싶은 사람이 되었으면 하는 바람이다.

감성으로 읽기, 마음으로 읽기

"결혼을 포기했습니다. 내 아버지 간병비 때문에"
보험회사 광고 카피다.
히틀러와 마타하리는 모두 사람들의 이성과 논증이라는

부분은 생략하고 감정을 자극했다. 히틀러는 1차 세계대전 패전 후 민족의 우월성, 민족의 억울함, 현실의 부당함에 호소한다.

그는 적을 명확히 지목한다. 바로 유태인이다. 히틀러는 '나의 투쟁'에서 유태인의 만행을 나열한다. 막대한 패전 배상금을 미끼로 독일 경제를 장악하고, 언론과 여론을 왜곡하였다고 설파한다. 성매매 산업과 고리대금업으로 독일인의 피를 빨아먹는 흡혈귀로 유태인을 규정한다.

히틀러가 억울함과 분노에 호소했다면, 마타하리(Mata-Hari)는 남몰래 은밀히 보고 싶어 하는 관음증(觀音症)과 호기심을 공략했다. 안개 자욱한 무대에 나타난 그녀가 동양의 신비감을 자아내는 인도 의상을 한 올, 한 올 벗는 모습에 극장의 관객들은 열광했다.

히틀러나 마타하리는 의도를 들키지 않기 위해서 수많은 암막을 등장시켰다. 주적(主敵)을 확고하게 각인시켜 진영을 단결시키고, 자신의 수(手)를 숨기고 정치적 지지기반을 다졌다. 한편, 신비함과 은밀함으로 상상력을 극대화하고 필요한 부를 얻어냈다.

"일단 감정에 호소하라. 절대 숨은 의도를 들키지 말라."

20세기를 한마디로 정의하면 대중과 군중, 매스미디어의 시대이다. 그래서 감정과 자극이 통했다. 하지만 21세기는 감성의 시대다. 그 대표적인 예가 캐릭터 산업이다.

카카오의 이모티콘을 보라. 동물, 과일 등의 캐릭터로 표현한다. 좋은 일은 더 기분 좋게 축하해주고, 불편한 감정도 부드럽고 간접적으로 귀엽게 전달한다. 내 의도를 과도하게 나타내지도 않으면서 실제의 나보다 더 기뻐하는 나를 전달한다.

감정과 감성

감정(感情)의 사전적 의미는 '어떤 현상이나 일에 대하여 일어나는 마음이나 느끼는 기분'(표준국어대사전)이라고 정의한다. 의학적으로 감정은 '인간의 생리적, 심리적, 혹은 사회적인 욕구에 대한 반응으로서 기쁨, 슬픔, 놀라움, 공포, 노여움 등으로 강하게 영향받는 상태'를 말한다. 감정은 주로 타인과의 관계에서 좋아지거나 나빠진다. 또 감정은 날씨, 환경, 주변의 변화에 민감하다.

우리는 가끔 감정을 '기분'이라고 말한다. 감정을 말할 때 긍정의 느낌보다 부정적인 생각을 먼저 한다. 행복과 즐거움보다 우울하고 무겁고 불안한 느낌을 표현할 때 '감정'이라는 단어를 주로 사용한다. 예를 들어, '서로에게 감정이 좋지 않다'라고 말한다. 감정은 욕구에 따른 반응이기 때문에 같은 상황이라도 그때그때 다를 수 있다. 감정에 대한 아래 정의를 보라. 얼마나 부정적인가?

감정은 언제나 이성을 짓밟아 버리는 경향이 있다. 감정에 충실하게 행동하면 모든 것이 광기로 흐르기 쉽다.

그라시안

감정은 절대적인 것이다. 그 가운데에서도 질투는 가장 절대적인 감정이다.

도스토옙스키

감정과 유사하면서도 다른 것으로 '**감각**'이 있다. 감각은 인간이 자극에 대하여 신체적으로 느끼는 반응이다. 감정은 심리적으로 느끼는 것인 반면, 감각은 우리의 오감(五感)을 통하여 전달되는 신체 반응을 말한다. '감성이 풍부하다!'라는 말은 "외부로부터 입력된 정보를 정확히 해석하고 다양하게 표현하는 능력이 탁월하다"라는 말이다. 이것이 감성이다.

예를 들자면, 실수로 중요한 프리젠테이션을 망친 동료를 만났다. 그는 회사에 큰 손해를 끼쳐 버렸고, 이제 더 이상 기회도 없다고 치자. 의기소침하고 침울한 그를 어떻게 맞이할까? 일단 그를 맞이하는 방법에 대해 고민하는 사람은 감성이 풍부한 사람이다. 대개는 일단 마주친 다음에 생각한다.

어떻게 위로해야 하는가? 정답은 없다. 하지만 그의 아픔에 대해서 무덤덤하거나, 우리 부서에 해를 끼쳤다고 그를 나무라는 사람은 감성이 풍부한 사람일까?

내가 비슷한 일을 겪었을 때 한 선배는 이렇게 내 마음을 위로했다. "시간 지나면 다들 기억도 못해! 당장 내일 아침이면 딴 문제로 난리 칠 거야."

나는 장교로 약 11년을 복무했다. 언젠가 후배 10중대장이 동원훈련 교관 연구 강의에 불합격해서 일주일 영내 대기 명령을 받았다. 훈련도 성공적으로 마치고 모두 좋은 분위기에서 우리만 퇴근한다고 할 수가 없었다. 그래서 선배 중대장으로서 용기를 내어 말했다.

"오늘은 전 간부 퇴근하겠습니다!"

대대장님도 흔쾌히 받아주시며, 집에 가서 푹 쉬라고 하셨다. 그런데 눈치 없는 담당관이 불쑥,

"10중대장은 연구 강의 불합격해서 이번 주 계속 영내 대기하라고 연대장님이 지시하셨는데 어떻게 합니까?"

대대장님은 불편해하시며 말을 흐리셨다.

"괘, 괜, 괜찮아 다 퇴근해 ···."

결산 회의가 끝나고 그 간부는 전 간부에게 린치를 당했다. 눈치 없기로 유명한 OO 담당관.

감성은 그런 것 아닌가? 힘든 훈련을 성공적으로 마치고 모두 퇴근했는데, 홀로 쓸쓸히 부대에 남아 있어야 하는 10중대장의 마음을 생각해 보는 것. 또, 고생한 간부들에게 보답하고 싶은 대대장님의 마음을 읽는 것, 그리고 호의를 베풀 수 있게 멍석을 깔아주는 것···. 이를 다른 용어로는 공감(共感)이라고도 부른다.

감성 = 공감이다

'공감'이란 상대방의 감정과 느낌을 내 안에서 정확히 이해하고, 함께(共) 느끼는(感) 것이다. 그것을 적절하게 표현하는 것이 바로 '감성'(感性)이다.

이제 감정이라는 안 좋은 내 마음속 적군을 찾아내야 한다.

심리청백전!

본성도 비슷한 어감이다. 감정적 자아를 찾아내야 한다. 그래야 내 마음의 청백전에서 적을 알고 무찌를 수 있다. 감정이라는 인간 본성을 알고 나면 사람들이 끊임없이 내보내는 여러 신호를 능수능란하게 해석하게 된다. 그래서 상대가 어떤 사람인지 훨씬 더 잘 판단하게 된다.

　우리는 주로 설명하고, 설교하려고 한다. 그런데 이제 설명하고 설교하는 일방적 주장은 이미 설득력을 잃었다. 설교하기보다는 느끼게 해야 한다. 시리아 난민을 돕자고 외치는 설교보다 해안가에 떠밀려온 시리아 난민 어린아이의 시신 사진이 더 강력한 메시지인 이유가 거기에 있다.

3. 제발 나부터 제대로 알자!

"지피지기면 백전불태!"

너무 진부한 고사성어지만, 피·아를 구분하고 알아야 싸울 상대를 알 수 있다. 내 안의 그놈을 찾지 못하면 늘 게으르고 충동적이고 감정적인 인간으로 취급받는다. 내 머릿속에 숨어 있는 적을 찾아내야 한다. 그리고 고차원적인 나와 철저히 분리하고 관리하고 통제할 수 있어야 한다.

사람의 마음속에는 두 마음이 있다!

세상 말로 천운(天運)이고, 교회 말로 '하나님의 은혜'다. 나는 중학교 1학년 때 내 마음속 청백전을 깨달았다.

"사람 마음속에는 두 마음이 있다."

추운 겨울의 수요일 저녁, 가난하고 희망 없는 사춘기 소년에게 목사님께서 하신 말씀이다.

곧 선을 행하기 원하는 나에게 악이 함께 있는 것이로다. 그런즉 내 자신의 마음으로는 하나님의 법을 육신으로는 죄의 법을 섬기노라(로마서 7:21, 25)

집으로 걸어가는 40분 동안 계속 생각했다. 내 마음에 두 마음이 있다니…. 내 마음속 청백전이 벌어지고 있다니…. 내 사춘기는 그렇게 시작되었다.

그리고 내 마음속을 찬찬히 들여다보았다. 무섭게도 내 속에서 심리 청백전이 날마다 계속되고 있었다. 청군(나는 청군이 좋다! 늘 청군이었다.)은 늘 착하게, 성실하게, 똑똑하게, 부지런하게…. 그러나 백군은 조금만 자자, 놀자, 먹자, 미루자, 마시자, 속이자, 짓밟자고 속삭인다.

그리고 늘 백군에게 패배하여 좌절하고, 울고, 포기하는 충동적인 악마가 나를 지배하고 있었다. 그때까지 나는 '게으른 나'가 진짜 '나'라고 생각했다.

《웰씽킹》의 저자 켈리 최는 전라도 시골에서 소녀 시절을 보냈다. 늘 켈리가 게으르다는 아버지의 꾸지람에 자신은 진짜 게으른 사람으로 알았다고 한다. 그런데 야간 산업체 고등학교 시절 공장에서 와이셔츠 소매를 빨리 달아 생산량을 늘리려고 고민하는 자신을 보면서 자신이 게으른 여학생이 아니라 오히려 너무 부지런한 사람이라는 사실을 알게 되었다고 한다. 맞다. 지금의 나는 진짜 내가 아닐지도 모른다. 분명 다른 내가 존재한다. 그러니 포기하지 말고, 찬찬히 내 마음속을 들여다보자!

　하지만 그전에 흔한 오해부터 하나 바로잡고 가자. 우리는 내 행동이 대부분 의식적이고 의지에 따른 행동이라고 생각하는 경향이 있다. 내 행동을 늘 내가 통제하는 건 아니라고 생각하면 상상만으로도 소름이 끼친다. 하지만 그게 진실이다. 우리는 내면 깊숙한 곳에 있는 여러 힘의 지배를 받는다."[2]

　사람의 마음속에는 두 마음이 있다. 두 마음이 있다는 것을 알면 해결 방법이 더 분명해진다. 그중에 나쁜 마음은 진짜 내가 아니니까.

내 마음속 적군을 찾아서! 아군 적군 찾기

내 안에는 두 마음이 있다. 적군의 마음을 잘 다스려야 한다. 적군의 마음을 다스리지 못하면 다 이긴 경기도 진다.

2014년 인천아시안게임 여자양궁 3, 4위전에서 4엔드까진 대만 선수 후앙이주가 인도 선수 뎁 트리샤를 누르고 앞서 나갔다. 4엔드까지 8번이나 10점을 명중시킨 후앙이주는 5라운드 시작 직전 116대 113으로 앞서 있었다. 5엔드에서도 뎁 트리샤는 첫 화살로 7점을 쏘면서 메달권에서 멀어지는 듯했다. 후앙이주가 9점에 화살을 꽂아 넣자, 단 두 발의 화살만을 남겨놓은 상황에서 점수는 125대 120으로 크게 벌어졌다.

5점 차 리드를 잡고 있었지만, 후앙이주는 두 번째 화살에서 황당한 실수를 저질렀다. 후앙이주의 5엔드 두 번째 화살이 시위를 벗어난 직후 경기장은 크게 술렁였다. 과녁에 꽂혀 있어야 할 화살이 보이지 않았기 때문이다.

심판과 대회 스태프들이 화살 수색에 나섰고, 문제의 두 번째 화살은 과녁 뒤쪽 백보드에서 발견됐다. 0점이었다. 후앙이주는 마지막 세 번째 화살을 쏘면서 9점을 추가했지만, 0점은 만회할 수 없는 실수였다. 결국, 그는 뎁 트리샤에게 134대 138로 역전패했다. 많은 득점 차이로 목표를 잃어버린 결과이다.

장교로 11년 넘게 근무한 덕에 "적을 알아야 한다(적전술)"라고 지겹게 배웠다. 적이 없으면 싸울 대상이 없다. 적이 없는 군은 존재가치가 없다. 그래서 직접적 위협인 주적뿐만 아니라 잠재적 위협 대상도 적으로 간주한다. 적이 어디 있는지 알아야 포구의 편각(좌우 각도)과 사각(높낮이)이 잡힌다. 대만 선수는 자기 적을 정확하게 몰랐다. 적을 정확하게 모르니 막판 방심으로 편각과 사각을 엉뚱한 곳에 겨누고 타겟을 잃어버렸다.

내가 죽이지 못하는 것이 나의 적이다!

니체의 말처럼 내가 죽이지 못하는 그것이 나를 강하게 한다. 내가 죽이지 못하는 적이 있어야 타겟도 보이고, 목표도 생기고, 방향을 잡을 수 있다. 그리고 그 적을 죽여야 이익이 나온다.

강원국은 《대통령의 글쓰기》에서 좋은 글은 이익에 호소한다고 주장한다. "사람은 이익이 될 때 움직인다"라는 것이다. 이제 니체의 말과 강원국의 말을 종합해 보자. 내가 죽이지 못하는 내 안의 적을 무찌르면 진짜 강자가 된다. 엄청난 전리품과 영토와 권력을 차지할 수 있다. 이익이 된다. 그러니 지금까지 내가 죽이지 못하는 그 적을 이제 죽이라. 그러면 내게 막강한 힘과 권력이 생길 것이다.

인생이 전쟁은 아니잖아요? 그냥 원만하게 좋게 좋게 지내면 되죠.

약한 자신의 단점까지 사랑하세요.

자기 자신을 속박하는 것은 나쁘지 않나요?

사람들이 자주 하는 질문이다. 삶이 녹록지 않고, 엄청난 무게로 내 어깨를 짓누르고 있다. 그리고 아무리 노력해도 되지 않는데 어쩌란 말이냐? 그냥 현실을 인정하자! 나를 사랑하라! 오늘을 사랑하고, 오늘을 즐기고, 오늘을 누려라! 날카로운 실존 철학자 강신주의 모토다. 그는 천국을 위해 아끼고 참느니 오늘 맛 나는 것 사서 먹고, 가족과 행복하게 지내라고 한다. 동감한다.

그런데 오늘을 사랑하고 즐기기 위해서는 돈이 필요하지 않은가? 시간이 필요하지 않은가? 좋은 사람이 필요하지 않은가? 내가 좋은 사람이 되어야 좋은 사람도 만나고, 돈도 벌리고, 가정도 화목하고, 여유 있지 않은가? 그러려면 돈과 시간과 사람을 잃게 만드는 내 마음속 적, 나를 그토록 괴롭히고 가로막고 꼴통으로 만드는 적이 누구인지, 백군을 찾아내야 한다.

21세기 면죄부 정신분석

"오늘을 살자"라고 하면서 현대철학자와 정신분석학자들은 "나약한 나도 인정하고 가자"라고 한다. 현대정신분석은 21세기 면죄부와 같다. 내 잘못은 없다. 과거로부터 부모, 학교, 가정, 교우 관계 등으로 형성된 인격이 '나'라고 위로한다. 그래서 있는 그대로를 인정하자고 한다. 청군과 백군이 같이 갈 수 있다고 한다. 그래서 내 잘못은 없고 과거의 무서운 그림자 때문이라고, 얼룩과 상처 때문에 오늘 나는 이렇게 살고 있다고 자위한다.

단단히 말하지만, 계속 이대로가 좋고 오늘을 즐기며 살고 싶다면 청백전을 포기하라. 그러나 심리학자들과 수많은 정신분석을 기반에 둔 상담가들, 그리고 오늘 먹고 즐기자는 철학자의 말에는 모순이 있다. 오늘의 내가 이 상태로 죽는 날까지 간다고 생각해 보라! 솔직히 끔찍하지 않은가? 못난 나를 인정하라니… 삶에 대한 어떤 노력도 없이 오늘을 즐기고 누릴 수 있을까? 그 진리를 알기까지 철학자 강신주는 얼마나 많은 자신과의 싸움과 자기부정을 했을까?

4. 나는 나쁜 인간이 아니다. 다만 속고 있을 뿐!

– 악성 루틴

꼴통 짓을 저지르지 않고서는 못 배기는 나(감정의 노예)

마치 두 번째 자아가 바로 옆에 서 있는 것과 같다. 하나는 분별 있고 이성적인 자아, 다른 하나는 **꼴통 짓을 저지르지 않고서는 못 배기지만** 가끔은 너무나 재미난 자아다. 어느 순간 우리는 그 재미난 일을 몹시도 저지르고 싶어 하는 자신을 깨닫는다. 이유는 모른다. 마치 내가 내 뜻을 거스르고 싶기라도 한 것처럼, 온 힘을 다해 저항하는데도 자꾸만 저지르고 싶어진다.

도스토옙스키, 《미성년》 중에서

왜 나는 변하지 않는 거야?

사람은 잘 변하지 않는다. 20대 시절, 천신만고 끝에 아르

바이트 자리를 구했다. 이틀까지는 그나마 할 만했다. 그런데 3일째 되는 날 심기가 불편하다. 사장님이 만만해 보인다. 먼저 취업한 동료들도 나보다 못나 보인다. 4일째 되는 날, 늦게 일어난다. 지각한 비참한 내 모습을 보이고 싶지 않아 그냥 잔다. 결국, 그만두겠다고 말도 못 하고 자신을 해고한다. 3일 치 일당은 달라고 전화도 못 한다. 이제 일자리를 구하는 것이 불편하고 불안해진다. 벌써 두 번째다.

부끄럽지만, 20대 때 나의 아픈 기억이다. 왜 나는 반복되는 실수를 또다시 정확하게 반복할까? 왜 내 마음속에는 늘 청백전이 벌어질까? 나는 청군, 적은 백군. 백군 중 가장 무서운 백군은 바로 악성 루틴이다. 버림받는 여인은 늘 버림받는다. 직장에서 싸우고 나오는 사람도 여지없이 싸우고 나온다. 지각 대장은 지각 때문에 또 쫓겨난다. 나쁜 인간은 아닌데 하지 않아도 될 일들이 반복된다.

우리가 게으른 것도 나쁜 인간이기 때문이 아니다. 게으르지 않아도 되는데 게으름이 계속된다. 정신과 전문의 문요한은 《굿바이, 게으름》에서 이렇게 말한다.

게으름이 오래될수록 우리는 점점 '나는 게으름의 문제를 가지고 있어'가 아니라 '나는 (원래) 게으른 사람이야'라고 규정짓게 된다.

심리청백전!

자신의 정체와 본질 자체가 게으르다고 믿고 있다면 우리는 한 걸음도 나아갈 수 없다. '나는 사랑받을 수 없는 사람이야!'라는 마음을 지닌 사람이 사랑을 향해 나갈 수 없는 것과 똑같은 이치이다. 그러므로 게으름에서 벗어나기 위해서는 문제는 인정하되 **게으름이라는 문제와 자신의 존재를 구분 짓는 것이 필요하다.** 게으른 삶의 모습이 자신의 본질이 아니며 전부가 아니라고 믿는 마음이 필요하다. **내 안에 '큰 나'가 있음을 믿어야 극복이 가능하다.**

그렇다. 나를 하나로 보지 않는 것이다. 나를 무너뜨리는 악성 루틴을 찾아내야 한다. 적을 찾아야 한다. 나는 나쁜 사람이 아니다. 내 안에 있는 적군을 찾아 무찔러야 한다.

악성 루틴을 찾는 7가지 방법!

악성 루틴을 찾아야 한다. 내 안의 적군인 악성 루틴을 제거해야 한다. 적군인 악성 루틴을 찾는 방법은 간단하다. 7가지만 알면 쉽게 찾는다.

1. 늘 잔소리로 들리는 아내, 남편, 자녀, 부모의 충고!
2. 아침에 눈을 뜨면 후회하는 바로 그것!

3. 인생 최고 기회를 놓친 그 이유!(취업, 결혼, 시험, 독립 등)

4. 늘 내가 미루기 좋아하는 그것!

5. 좋아하는 사람을 다시 만나지 못하는 걸림돌!

6. 가족들이 나를 포기한 이유!

7. 내 돈이 소리소문없이 사라진 진짜 이유!

5. 사랑하면서 동시에 증오하는, 알 수 없는 내 마음
- 양가감정

양가감정

우리는 인간의 감정이 단순하다고 생각한다. 누구는 사랑하고 누구는 미워한다. 이 사람은 경외하지만, 저 사람에게는 경멸밖에 못 느낀다는 식으로 말이다. 하지만 정말로 이런 경우는 거의 없다. 우리가 단순한 감정을 느끼는 경우는 극히 드물며, 거의 늘 양면적 감정을 느낀다. 이것이 인간 본성의 근간을 이루는 '팩트'다. 우리는 사랑하면서 동시에 증오할 수 있고, 존경하면서 시기한다.

인간 본성의 이런 근본적 측면이 가장 뚜렷이 드러나는 것은 리더와의 관계에서다. 리더를 볼 때 우리는 무의식적으로 부모를 연상한다. 리더에 대한 이중적 감정이 작동하는 방식은 아래와 같다.

우리는 직관적으로 리더의 필요성을 인식한다. 어느 집단이든 사람들은 각자의 목표가 있고 충돌하는 이해관계가 있다. 구성원들은 본인의 위치를 불안해하고 확고한 위치를 확보하려고 노력한다. 그래서 충성을 다한다. 한편으로 리더에게 부모님과 같은 감정을 곧 잘 느낀다. 그러나 반대로 리더의 권위에 도전하고 싶어 하고 리더의 비인간성, 부도덕 등 주로 인격적인 문제에 대해 비난한다.

이를 '양가감정'이라고 한다. 양가감정은 같은 현상, 같은 사람을 보면서 두 가지 극단적인 감정이 드는 현상이다. 내가 존경하는 그 사람을 만나서 존경과 칭찬을 아끼지 않으면서, 반대로 그에 대한 존경을 의심하고 부정하고 그가 받는 존경에 대해서 시기하는 모습이 내 마음속에 상존한다.

소설 '데미안'에서 주인공 싱클레어는 자신의 거짓을 믿고 용서해준 아버지에게 감사한 마음이 들다가도 반대로 아버지를 경멸하고, 심지어 자신의 거짓에 속은 아버지를 내심 조롱한다.

우리는 그런 사람이다. 산이 높으면 골이 깊고, 한쪽 곳간에 쌀을 채우면 다른 곳간은 비기 마련이다. 그래서 우리는 하루에도 몇 번씩 천국과 지옥을 오가고, 찬양이 있으면서 증오가 있고, 사랑 고백이 있으면서도 의심한다. 나는 그런 사람이다.

내 마음을 들여다보자

양가감정이 있다는 것을 알았으니 그다음에는 내 마음을 들여다봐야 한다. 내 마음을 들여다보면 좀 더 나은 삶을 살수 있다. 우리 자신에 대해서도 내면을 들여다보고, 문제가되는 감정의 출처가 어디인지, 왜 그 감정은 종종 내 이성을 거스르는 행동을 하게 만드는지 원인을 알 수 있다면 어떨까?

내가 비판하는 사람들, 미워하고 비난하는 사람들을 보라. 사실은 그 사람의 악한 본성이 나의 본성과 너무 흡사하기때문에 화가 난다. 자신의 불쾌한 감정과 마음의 상처를 피하고자 그를 과도하게 비난한다. 이것을 심리용어로 '투사'(projection)라고 한다. 자신의 결점을 타인을 통해 회피하고, 결국 자신은 윤리적 우위에 선다. 이 정도로 우리 마음은 위선적이고 양가적이다. 또 복잡하고 불가사의한 존재이다.

이 점을 알고 나면 우리 인생의 부정적 패턴을 깨버릴 수 있다.

우찌무라 간조는 《구안록》에서 이렇게 말한다.

사람을 죽인 자, 간음한 자 역시 죄인의 우두머리는 아니다. 죄인의 우두머리는 나 자신이다. 하나님의 은혜를 입었으면서도 오랫동

첫째 마당
왜 마음을 읽어야 하는가?

안 이를 남용하고, 선인 줄 알면서도 선을 행하지 않으며, 악인 줄 알면서도 악을 피하지 않고, 하나님의 성령을 종종 소망하면서도 그 뜻을 손상시켰다. 만일 멸망할 자가 있다면 내가 바로 그다.

죄가 죄 됨을 알아야 비로소 은혜가 은혜 됨을 아는 것이다. 악을 피하지 않고는 선을 사모할 수 없다.

6. 주위에 낙오자들이 많은가? 비상사태다!

- 불행 바이러스

척결대상 1호, 불행 바이러스

불행은 전염병이다. 불행한 사람과 병자는 따로 떨어져서 살 필요가 있다. 그 이상 더 병을 전염시키지 않기 위하여.

도스토옙스키

"불행했다!"라며 과거를 정의하는 것은 나의 선택이다. 불행을 잊지 못하는 것도 나의 선택이다. 불행한 사람을 만나는 것도 나의 선택이다. 불행한 사람과 헤어지지 못한 것도 나의 선택이다. 그러나 그 결과로 불행이 몰려오는 것은 필연이다!

불행과 이별하라! 그렇지 않으면 불행해진다

문제를 일으키는 청년들과 상담했다. 머리를 맞대고 이야기를 나눈 인원만 2천여 명이 내 앞을 지나쳤다. 부끄럽지만, 나는 그들에게 좋은 교사도, 소대장도, 중대장도 아니었다. 하지만 한 명, 한 명에게 누구보다도 많은 관심을 기울였다. 수많은 표본 속에서 내린 결론은 다음과 같다.

"불행은 본인 선택이다."

불행은 본인이 선택한 것이다. 자신을 버리고 도망간 아빠에 대한 분노가 있는 청년, 그는 아픈 과거가 자신의 역사라고 선택한다. 그리고 자신은 다른 사람들처럼 성실해야 한다는 의무감에서 해방된다. 왜? 나는 특별하니까. 불행했으니까.

이렇게 생각하는 순간부터 불행이 더하면 더할수록, 역설적으로 자신에게는 행복이다. 게으르고 소극적으로 살며, 약속을 어기는 것도 쉽게 생각한다. 은근히 더 큰 불행을 소망한다. 고통 속에서 쾌락을 느끼는 이러한 성향을 마조히즘(Masochism)이라 한다.

자신이 불행하다고 생각하는 사람들은 불행을 자초한다. 불행을 소망하기에 파괴적인 행동을 일삼고 다른 사람을 불안하게 만든다. 이런 사람들을 도와주겠다는 생각은 일찌감치 포기하라. 인간은 가까이 있는 사람들의 분위기와 감정, 심지어 사고방식에 쉽게 감염되는 존재이기 때문이다.

불행하고 불안정한 사람들의 전염력은 유난히 강하다. 자신이 스스로를 희생자인 양 연출하기 때문에 처음에는 그들이 고난을 자초했다고 생각하지 않는다. 하지만 그들의 문제가 무엇인지를 파악했을 땐 벌써 그들에게서 병이 옮은 뒤다.

시간 낭비하지 말라. 당신 곁에 불행의 전염병을 퍼뜨리는 감염원이 있다면 그와 대화하지 말고, 도와주려고도 말고, 친구도 되지 말라. 그랬다간 당신도 말려들게 된다. 감염원이 있는 곳에서 얼른 도망쳐 나오라. 안 그러면 고통스러운 결과를 맛보게 될 것이다.

대부분 사람은 자신을 비교적 높이 평가한다. 반면, 불행 바이러스를 지닌 사람들은 자신을 낮게 평가한다. 그들은 자신에게 이렇게 말한다.

"나는 좋은 것을 차지할 자격이 없어."

"나는 그렇게 좋은 사람이 아냐."

"나는 문제가 너무 많아."

이들은 대개 자신에게 나쁜 일이 생길 것을 예상하기 때문에 정말로 나쁜 일이 벌어지면 오히려 안도하고, 당연하다고 느낀다. 그런 식으로 자기 평가를 낮게 유지함으로써 살면서 혹시라도 성공할 수 있을까 하는 불안을 진정시키는 것이다.

그들은 세상이 본인에게 적대적이며, 자신은 결코 그렇게 좋은 것을 가질 자격이 없다고 믿고 있기 때문이다.[3]

나쁜 그 사람! 불쌍한 나!

'미움받을 용기 2'에서 노철학자는 삼각뿔을 보여주며 젊은이에게 읽어 보라고 한다. 세 개의 면 중 한 면에는 '나쁜 그 사람'이 있고, 다른 한 면에는 '불쌍한 나'가 존재한다. 불행한 사람은 자신의 불행이 늘 과거의 아픈 기억, 나쁜 그 사람, 또는 그 사건, 환경 때문이라고 정의한다. 그래서 나는 항상 피해자고 약자다. 그래서 늘 '불쌍한 나'가 존재한다. 여기서 머물러 있으면 결국 성공은 절대 나와 상관없는 일이라고 자신의 인생을 정의한다.

불행 바이러스를 가진 친구와 지인들을 보면 오로지 주변에 나쁜 사람밖에 없다고 한탄한다. 아버지의 어린 시절 학대, 가난한 우리 집을 도와주지 않은 삼촌, 자신을 구박한 계모, 최저임금도 주지 않으며 혹사시킨 악덕 사장 등이 늘 존재한다. 그러나 원뿔의 마지막 제3면에는 이렇게 쓰여 있다.

그러면 앞으로 어떻게 할 것인가?

나를 뒤통수 치는 사람들!

그런데 한 번 뒤집어 생각해 보자. 저 불행 바이러스 보균자에게 나는 어떤 사람일까? 그들의 고민을 들어주고 도와주었지만, 되돌아오는 것은 무엇일까? 입에 담지 못할 비난과 과대 포장된 내 단점, 허위로 날조된 내 과거였다.

역시 불행 바이러스 보균자들은 자기의 행복을 100% 만족시켜주지 못하면, 선의의 상대도 '나쁜 그 사람!'으로 둔갑시킨다. 왜냐하면, 그래야 나쁜 그 사람 때문에 '불쌍한 나'가 되기 때문이다. 그들은 자신이 동정받기 위해서라도 주변 사람을 '나쁜 그 사람'으로 만든다.

말도 섞지 마라. 뒤도 돌아보지 말고 떠나라. 동정심과 신앙심, 긍휼은 멀리 떠나보내라. 같이 있는 동안 나도 불행 바이러스에 감염된다. 그렇지 않으면 당신은 빚쟁이, 전과자, 게으름뱅이, 주정뱅이, 파경에 이를 것이다. 그리고 친구 잘못 만나 인생 망친 인간으로 낙인찍히게 될 것이다.

7. 사기꾼들의 가장 좋은 먹잇감
– 게으름

"우리 자신을 있는 그대로 받아들이라!"

이 구호가 그럴듯하다고 여겨진다면 우리는 언제나 탁월한 삶에 도전하기를 회피하게 되고 곧 게을러진다. 우리의 결점을 고치려고 노력하기보다 안전지대에 정착하여 나태하고 위험한 안전에 기만당하는 것이다. 그리고 우리가 보는 대부분의 관용은 게으름과 크게 다르지 않다.

게으름은 세상에서 관용이라 불리지만 지옥에서는 절망이라 불린다. 그것은 아무것도 믿지 않고, 아무것도 상관하지 않으며, 아무것도 알려 하지 않고, 아무것에도 개입하지 않으며, 아무것도 즐기지 않고, 아무것도 미워하지 않으며, 아무것에서도 목적을 찾지 않고,

그 무엇을 위해서도 살지 않는데, 죽음을 불사하고라도 추구할 만한 것이 전혀 없으므로 그저 생존해 있을 뿐인 그러한 죄이다.[4]

게으름의 원인 - 1. 사랑 없음

게으름의 원인은 사랑 없음이다. 게으름은 주로 태만하고, 목적지에 이르는 일들을 지체시키면서 우리의 마음을 무감각하게 만든다. 이를 극복하는 유일한 방법은 사랑이다. 사랑은 일한다. 사랑은 행동한다. 스캇 펙이 《아직도 가야 할 길》에서 주장한 바대로 '사랑 없음'의 본질은 게으름이다. 인간의 실패에 대한 탐구를 통해 스캇 펙은 자기 환자들의 공통점이 있는데, 그것은 삶을 책임져 나가는 도전을 끝없이 회피하는 것이라고 한다. 그는 게으름의 주된 형태는 두려움이라고 주장한다.

게으름의 원인 - 2. 안전 추구

우리는 너무도 흔히 안전한 길, 보장된 길을 택한다. 루이스의 《순례자의 귀환》에서 존은 이렇게 불평한다. "교회가 우리를 너무 심하게 대했다. 우리를 좁고 위험한 길로 인도했다"

라고. 그러나 안내자는 이렇게 답변한다. "인간의 가장 큰 적은 안전"이라고 말이다.

안전을 희구하는 사람은 어깨에 게으름이라는 짐을 짊어지고 산다. 그래서 그 무게 때문에 현실에서 한 걸음도 전진하지 못한다.

유혹자의 타겟, 게으름!

대개 게으른 사람일수록 유혹에 빠져들기 쉽다. 그들은 누군가가 나타나 자신의 정신적인 공백을 메워주기를 기대한다. 직업을 가진 남성들보다 일하기 싫어하는 게으른 젊은이들이 유혹에 훨씬 더 약하다. 사업이나 일에 몰두해 있는 사람은 유혹하기 어렵다. 유혹이 성립되려면 주의력을 끌 수 있어야 하는데, 바쁜 사람들에게는 그런 게 통하지 않기 때문이다.

공허감을 공격하는 유혹자

우리 대부분은 게으르다. 우리 스스로 지루함이나 상실감을 달래려면 엄청난 노력을 쏟아부어야 한다. 그보다는 다른 사람에게 그 일을 맡기는 게 훨씬 쉽고 짜릿하다. 우리는 다른 사람이 나서서 우리의 공허감을 채워주기를 바란다. 유혹자는 바로 이 점을 파고든다.

상대가 미래에 대해 불안감을 느끼게 하라. 상대를 절망에 빠뜨려 자신의 정체성에 회의를 품게 만들어라. 상대가 삶을 갉아먹는 지루함에 덜미를 잡는 순간, 유혹의 씨앗은 저절로 움트게 되어 있다.[5]

8. 시기심을 읽으라! 진짜 적이 식별된다.

인간은 자연스럽게 서로를 비교한다. 지위, 존경, 관심 등을 가늠해보고 내가 가진 것과 비교한다. 누군가는 이런 욕구가 자극제가 되어 탁월한 업적을 이룬다. 또 누군가는 그런 비교가 심한 시기와 질투로 바뀌기도 한다. 그런 사람은 열등감과 좌절을 느끼며 은밀한 공격과 훼방을 자행한다. 그래서 초기의 경고 신호를 알아봐야 한다. 상대방이 칭찬을 늘어놓고 우정을 제안하는데 뭔가 야단스럽고 정도가 지나치다면, 혹은 선의의 농담이라는 핑계로 당신을 은근히 비꼰다면, 당신의 성공이 그에게는 좀 불편해 보인다면, 모두 시기심의 신호다. 시기심이 가장 많이 자라는 곳은 친구나 같은 분야의 동료 사이에서다.[6]

친구 하나가 성공할 때마다 나는 조금씩 죽어간다.

고어 바이덜(미국의 소설가이자 극작가)

꼭 알아야 할 것이 있다. 시기심이 가장 흔하게 발동되고 가장 큰 고통을 주는 것은 친구와 동료들 사이에서다. 우리는 친구가 나에게 가하는 배신과 훼방, 추한 비난을 나의 잘못으로 추측한다. 하지만 역설적으로, 내게 시기심을 느끼는 사람은 처음부터 친구가 되려는 경우가 많다. 관심과 끌림이 있지만, 시기심도 동시다발적으로 느낀다. 그들이 열등감을 느낄 만한 어떤 자질을 우리가 가지고 있다면 말이다. 친구 사이가 되면 그들은 자기 자신에게조차 그 시기심을 숨길 수가 있다.

한 걸음 더 나아가, 그들은 우리의 시중을 극진히 들면서 우정을 꼭 얻어내려고 안달복달하기도 한다. 하지만 가까워질수록 문제는 더 커진다. 밑바닥에 놓인 시기심이 계속해서 움찔거린다. 그에게 열등감을 자극했던 바로 그 특징(좋은 위치, 빈틈없는 성실함, 호감을 주는 성격)을 이제는 일상적으로 목격하기 때문이다.

그래서 서서히 시기심의 발로로 내러티브가 만들어진다.

"저 친구는 운이 좋은 거야"

"지나치게 야망이 커"

"결코, 그렇게까지 대단하지 않아"

그들은 우리의 친구이기 때문에 우리의 약점이 뭔지, 우리에게 가장 큰 타격을 줄 수 있는 게 뭔지도 알아낼 수 있다. 그들이 공격하면 우리는 흔히 죄책감과 혼란을 느낀다.

"어쩌면 내가 그런 비난을 받을 만한 일을 했을지도 몰라"라고 생각하게 된다.

한때는 친구였기 때문에 우리는 두 배로 더 상처받고 배신감을 느낀다. 그리고 우리의 상처가 클수록 시기심을 느끼는 상대는 더 큰 만족을 느낀다. 어쩌면 그들은 이런 상처를 줄 힘을 갖기 위해 무의식적으로 부러워하는 상대와 친구가 되고 싶은 것인지도 모른다.[7]

시기심의 신호

상대가 친근하게 접근해올 때, 나를 좋아하는 것 같은 사람을 볼 때 우리는 기분이 좋아진다. 시기심을 가진 자들은 이 점을 아주 잘 알고 있다. 하지만 상대의 시기심은 갑작스러운 표정이나 나를 폄훼하는 말로 새어 나오기도 한다.

시기심을 가진 사람은 이상한 조언을 줄 것이다. 나의 이해에 반하는 것 같은데 나름의 논리를 갖추어 말하는 식이다. 그들은 우리가 실수하기를 바라며, 종종 실수를 유도할 방법을 찾으려고 애쓰기도 한다. 우리가 무언가에 성공하거나 사람들의 관심을 더 많이 받으면 그들은 진짜 감정이 더 많이 새어 나온다. 시기심이 눈에 보이지 않는 이유는 간단하다. 사람이 자기가 느끼는 시기심을 대놓고 표현하는 경우는 거의 없기 때문이다.

시기심은 내가 중요하게 생각하는 어떤 영역(지위, 관심, 돈, 존경, 이성 등)에서 내가 상대보다 열등하다는 사실을 스스로 인정한다는 뜻도 된다. 이런 열등함을 인정하는 것만도 고통스러운데, 내가 이렇게 느낀다는 사실을 남들이 아는 것은 더욱더 고통스럽다. 그래서 이런 시기심을 느끼면 나 자신에게조차 그것을 숨겨야 할 동기가 생긴다. 지금 불편한 내 감정이 시기심이 아니라 다른 것이라고 스스로를 설득하고 나면 이제 남들도 내 밑바닥에 있는 시기심을 알아채기가 아주 힘들어진다.[8]

시기심을 느낀 사람은 폭력 대신 일을 훼방하거나, 남녀 사이를 갈라놓거나, 명성을 훼손하거나, 원초적인 불안을 겨냥하는 비난을 통해 괴롭힌다. 이렇게 하면 본인의 사회적 위치를 유지하면서도 해를 가할 수 있고, 상대는 그의 동기가 시기심일 거라고는 짐작조차 못 하게 된다. 그리고 그들은 어떤 불균형이나 불공평을 바로잡은 것에 불과하다고 자기의 행동을 스스로 정당화할 수 있다.

"철저히 상대의 시기심을 분석하라.
나의 적이 식별된다!"

9. 오늘 '일용한 양식'을 내일에는 먹을 수 없다

지금 여기서 승부하라!

가령 지금 자네가 인생에 대해 고민하고 있다고 하세. 자신을 바꾸고 싶다고 하자고. 하지만 자신을 바꾼다는 것은 '지금까지의 나'를 포기하고, '지금까지의 나'를 부정하고, '지금까지의 나'가 다시는 얼굴을 내밀지 않도록, 말하자면 무덤에 묻는 것을 의미한다네. 그렇게 해야 겨우 '새로운 나'로 다시 태어날 수 있으니까. 인간은 변하지 않으려고, 아무리 괴로워도 '이대로 좋다'고 생각하는 걸세. 그리고 지금 처해 있는 상황을 긍정할 수 있도록 '이대로 좋은' 이유를 찾으면서 살아가는 거라네.[9]

황금 두뇌를 가진 사나이

'마지막 수업', '별'로 유명한 알퐁스 도데의 단편 <황금 두뇌를 가진 사나이>를 소개한다.

어린아이가 태어났다. 그의 머리는 다른 사람보다 상당히 크고 무거웠다. 18세 무렵 머리에 황금이 들어 있다는 것을 알게 된다. 그는 성인이 되어 황금을 유흥과 쾌락에 탕진하고 만다. 정신을 차리고 마음을 고쳐먹지만 녹록지 않다.

그러던 어느 날 금발의 멋진 아가씨를 만난다. 그녀가 좋아하는 아름다운 물건들을 사 주느라 얼마 남지 않은 황금 두뇌를 사용한다. 그런데 여인은 갑자기 병에 걸려 세상을 떠난다. 비참한 마음에 처한 황금 두뇌를 가진 사나이는 나머지 금으로 성대한 장례식을 치르고, 준비한 하인들에게 금을 나눠준다.

어느 날 황금 두뇌를 가진 사나이는 길을 걷다 구둣가게에서 자신이 사랑하던 소녀가 그토록 갖고 싶어 하던 '백조 털 반장화'를 발견한다. 이미 세상에 없는 그녀를 위해 사나이는 가게로 들어간다. 그리고 한 손에는 '백조 털 반장화'를, 한 손에는 마지막 남은 금 부스러기를 쥐고, 피투성이가 되어 주인 앞에 쓰러져 죽는다.

오늘을 산다는 의미

알퐁스 도데가 하고 싶은 말은 무엇일까? 그는 "나의 황금을 지금 어디에 사용하고 있을까?"를 묻고 있다. 사나이는 향락과 사랑과 연민 때문에 자신을 파국으로 몰고 간다. 마지막 남은 목숨마저 부질없이 '백조 털 반장화'와 맞바꾼다.

일방적이고 소모적인 사랑은 자기 착취다. 오늘을 산다는 것은 사랑하되 소중한 것을 사랑하고 투자하되 자신에게 투자하고, 포기하되 자신의 시간을 파괴하고 도둑질하는 나쁜 습관을 포기하는 것이다.

너는 악기란다. 너를 사용해라!

그러나 맹세하라.

스스로를 파괴하는, 어떤 행동도 하지 않겠다고!

신이인 詩 〈영접〉 중에서

《아직도 가야 할 길》의 저자 스캇 펙은 정신병 중 하나인 전이(轉移)에 대해 "현실에 대한 낡은 견해를 고집스럽게 집착하는 심각한 상태"라고 기술하고 있다. 그는 이 병에 대해 '낡은 지도 옮겨오기'라는 해법을 제시하고 있다. 자신의 낡은 습관과 편견의 지도를 객관화된 곳에 펼쳐보고 현실을 직시하라는 것이다.

스캇 펙은 "진실이나 현실이 고통스러울 때 사람들은 이를 피하게 마련이다. 하지만 그 고통을 극복할 수 있는 절제력이 있을 때만이 지도를 수정할 수 있다. 이러한 절제력을 갖기 위해서 우리는 진실에 전적으로 충실해야 한다"라고 주장한다. 공상과 허구, 두려움, 가상현실, 이미지 등에 매몰되어 속고 있는지 자신을 점검하자. 그리고 피하지 말자.

진짜 '심리 청백전'은 바로 오늘 내 앞에 고통스러운 '진실' 과 '현실'에게 과감하게 공격 개시 포격을 날리는 것이다. 이렇게 외쳐보자!

"너는 날 절대 이길 수 없어! 너는 내 진짜 모습이 아니야! 나는 너를 분명히 멋지게 이길 수 있어! 왜냐하면, 나에게는 오늘이 있고, 오늘밖에 없고, 오늘이 마감 기한이며, 오늘 만난 그 사람을 가장 사랑하기 때문이야!"

심리 청백전, 성패는 마음 읽기에 달렸다!

– 바이블텔링과 사례로 보는 마음 읽기

1. 말로 하지 말고 보여주세요

– 탁현민 신드롬

보여줘야 주목받는다

보여주면 주목을 받는다. 보여주는 것은 시각적 이미지이다. 시각적 이미지가 주목받는 이유는 시각적 이미지가 커다란 감정적 힘을 지니고 있기 때문이다.

조합을 사용하면 더 효과적이다. 이미지와 상징을 조합하면 웅장한 장관이 연출된다. 이미지와 상상을 조합하면 사람들은 웅장하다고 여긴다. 실물보다 크게 웅장하고 더 화려함으로 치장하면 사람들은 마음을 빼앗긴다.[10]

시각적 이미지는 보는 것으로 그치게 하지 않는다. 감정까지 열게 한다. 그 순간부터 사람들 마음에 와닿기 시작한다.

시각적 이미지야말로 사람들의 마음에 와닿는 가장 손쉬운 길이다. 이처럼, 보여주면 주목받는다. 주목받는 것으로 그치지 않는다. 화젯거리가 된다.

보여주면 화젯거리가 된다!

'판문점 도보다리!'

보여주니 화젯거리가 되었다. 판문점 도보다리는 남과 북의 정상이 걸었던 다리다. 다리를 건넘으로써 갈등과 대립, 반목을 지속하던 남북한이 따스한 봄날을 맞이했음을 상징적으로 보여주었다.

당시, 불과 1년 전만 해도 남북 관계는 강경하게 치닫고 있었다. 그간의 남북 관계에 비한다면 천양지차다. 다리 길이가 두 배로 길어졌다. 색깔도 선명하고 곡선까지도 늘어났다. '봄날 오후에 야외 테라스에서 차 한잔!' 누구에게나 떠오르는 이미지는 바로 평온함이다.

이를 남북한만 본 것이 아니라 전 세계에 보여주었다. 도보다리에서 두 정상이 걷는 것을 보는 순간 사람들은 안도감을 느꼈다. 이를 통해 이제 전쟁의 공포는 다른 세상 이야기로 만들고 싶다는 정부의 의지를 담아냈다. 보여주기만 했는데

화젯거리가 되었다. 이 모든 시나리오가 당시 탁현민 행정관
의 작품으로 알려졌다.

탁현민에게 쇼(Show)**란?**

한 라디오 시사 프로그램 인터뷰에서 탁현민 청와대 의전
비서관에 대해서 다음과 같이 소회를 남긴다.

사회자 저기 야당에서 "쇼는 잘한다" 이런 얘기 계속 나옵
니다. 문재인 대통령 보고 '쇼통령'이라고 이런 비판
도 하고, "탁현민이 쇼를 잘해서 대통령만 돋보이게
만들었다" 이런 비판이 있는데 어떻게, 어떤 생각
드십니까?

탁현민 대통령은 국가의 상징이죠. 그러니까 모든 국민들
을 우선해 놓고 행사나 국가의 어떤 중요한 것들을
보여줘야 합니다. 하지만 현실적으로 전 국민을 보
여주는 것이 불가능하기 때문에 우리는 어떤 상징
을 선출한 거고, 그 상징으로서 대한민국의 국격을
드러내는 일이 아마 그쪽(야당)에서 얘기하는 쇼라는

걸 텐데….

사회자 청취자께서 "정치에서 쇼가 굉장히 중요하다. 그러나 그것도 내용이 있어야 먹힌다." 이렇게 지적해 주셨는데….

탁현민 그 부분은 하나 얘기를 하고 싶어요. 제가 청와대에서 이른바 국가 행사들을 담당하게 되면서 가장 먼저 느꼈던 점은 "형식만 남고 내용이 없었구나"라는 걸 많이 느꼈어요. 지금까지 여러 국가 기념행사를 진행했고 또 국가 차원의 여러 가지 일들이 있었는데, 이게 세월이 흐르다 보니 그 내용은 사라지고 형식만 남은 거예요. 예를 들면 광복절은 광복의 기쁨이나 이런 것들이 드러나야 하는데, 그런 것들은 사라지고 의례만 남아 있다는 거죠.

그래서 제가 많이 노력했던 부분은, 그게 성공적이었는지는 모르겠지만, 이야기를 좀 담고 싶었어요. 서사라고 해도 좋고, 스토리텔링이라고 해도 좋은데, 우리가 왜 그런 기념행사들을 만들었고 또 기념할 만한 것들, 혹은 추억할 만한 것들을 국가의 이름으로 하고 있는지에 대한 서사를 담고 싶었고, 그런 노력을 했던 것 같습니다.

사회자 그동안 "의례적으로 이래 왔습니다" 하면서 이게 바꾸는 게 쉽지만은 않았을 텐데요.

탁현민 그렇죠. 대통령 책상 위에 있는 물 한 잔을 옮기는 것도, 상당히 어려운 일이죠. 그동안 해왔던 관례가 있고, 그 물잔이 그 위치에 있는 이유가 있거든요. 그런데 그것보다 중요한 건 우리 눈앞에 있는 현실을 부정하는 것에서 출발하지 않으면 새로운 형식이나 새로운 내용을 담아내기는 어렵죠.

그가 보여준 것은 쇼가 아니었다. 이미지를 보여주었다. 보여준 것이 화젯거리를 낳았을 뿐이다.

말도 보여줘야 파워가 있다

시각적 이미지도 보여주면 보이지 않는 힘이 생긴다. 시각적 이미지만 파워가 있지 않다. 보여주는 말도 이미지화되면 파워가 있다.

사람은 평서문으로 말하면 전체 대화에서 5%만 기억하고, 스토리로 말하면 65%를 기억한다고 한다. 그리고 스토리에 상징과 이미지를 가미하면 잊어버리는 것이 더 어렵다고 광고 기획자들은 이구동성으로 말한다. 그 상징과 이미지, 스토리를 일치시킨 것이 하늘색 '도보다리'다.

예수님은 보여줌으로 복음을 전하셨다

말을 파워 있게 보여준 사람이 있는데, 그분은 바로 예수다. 예수는 가나안 지방에서 선풍적인 인기몰이를 하고 있었다. 결혼식에서 물을 포도주로 만들었다. 앉은뱅이를 그 자리에서 걷게 했으며 보리떡 다섯 개와 물고기 두 마리로 오천 명을 먹였다.

하지만, 모두 말로 일으킨 기적이었다. 사람들은, 특히 바리새인들은 심각한 의심을 품고 있었을 것이다. 이때 예수는 말이 아니라 보여주는 전략을 사용한다. 예수는 자신의 침으로 '흙 반죽'을 만들어 고약처럼 맹인의 눈에 발랐다. 그리고 실로암 연못에 가서 씻으라고 명령한다.

당시 예수를 가로막은 가장 큰 장애는 구전된 생활 규율

'미쉬나'였다. 이는 일상생활의 규례를 정리한 것인데, '안식일'에 병자를 고친 것도 미쉬나와 충돌했다. 예수는 미쉬나에 있는 안식일 규례라는 현실을 부정하는 것에서 출발한다. 그래서 그들이 가장 소중히 여기는 의례, 관례, 관습을 과감히 깨버린다. 새로운 형식이나 새로운 내용을 담아낸다. 이때 필요한 상징과 이미지가 바로 '흙 반죽'이고 '안식일'이다.

십자가 하면 무엇이 떠오르는가? 말로 하지 말고 보여주라! 상징 하나면 충분하다! 막연하게 말만 하면 안 된다. 말을 할 때 상징과 이미지가 담겨야 한다. 그런 말에 파워가 있다. 예수님이 보여준 말에 파워가 있었다. 십자가로 자신을 보여주었기 때문이다.

2. 사람들은 왜 종교를 선망하는가?
- 사기꾼 연금술사

대중을 사로잡을 환상을 찾을 때는 그들의 어깨를 무겁게 짓누르는 현실이 무엇인지 주목하라. 그들이 진짜 답답하게 구속하는 요인이 무엇인지 파헤쳐라. 그것을 알아낸다면 당신은 엄청난 힘의 세계로 들어가는 열쇠를 쥔 것과 마찬가지다.

현실에서 변화를 이루려면 많은 노력과 인내가 필요하다. 그래서 사람들은 힘겨운 노력 없이도 단번에 인생을 바꿀 수 있는 변화를 꿈꾼다. 이러한 환상을 이용하라. 사람들에게 거대하고 완전한 변화를 약속하라. 빈곤이 부로, 병이 건강으로, 비극이 환희로 바뀐다고 말하라. 그러면 추종자들이 당신을 따를 것이다.[11]

이탈리아 연금술사

1589년 이탈리아 베네치아에 이상한 소문이 돌기 시작했다. 일 브라가디노(Il Bragadino)라는 신비로운 남자가 베네치아에 나타났다는 것이다. 그는 연금술의 달인으로, 마법의 물질로 금을 만들어 엄청난 부자가 되었다고 했다. 당시 지중해 교역의 패권이 베네치아에서 스페인과 네덜란드, 영국으로 옮겨갔고, 베네치아의 귀족 가문들은 파산했고, 은행들은 문을 닫기 시작했다.

마침 시민들 사이에는 "연금술에 정통한 사람이 나타나면 베네치아는 과거의 권세와 영광을 되찾을 것이다"라는 예언 같은 소문이 떠돌고 있었다. 베네치아의 주요 가문 사람들은 브라가디노가 살고 있는 브레시아로 찾아갔다. 그의 저택을 둘러보았고, 브라가디노가 쓸모없는 광석 물질을 금가루로 변화시키는 것을 경탄하며 지켜보았다.

베네치아 공국은 브라가니노를 초청하고, 만도바 대공은 호화로운 저택과 그가 요청하는 모든 비용을 지불했다. 베네치아 전체에 연금술 바람이 불었다. 거리 곳곳에서 행상인들이 연금술 책자와 증류 기구, 석탄, 풀무 등을 팔았다. 다들 연금술을 배우겠다고 난리였다.

그런 와중에도 브라가디노는 좀처럼 금을 만들어내지 않았다. 그리고 묘하게도 이처럼 동요 없는 침착함 때문에 그의 인기는 더욱 치솟았다. 하지만 시민들은 조바심을 내기 시작했고, 점차 귀족들까지 동요했다.

브라가디노는 의심하는 자들에게 냉소를 보냈다. 그리고 이미 베네치아 조폐국에 금을 만들어내는 신비로운 물질을 잘 보관해 두었다고 말했다. 그 물질을 단단히 봉한 채 7년간 놔두면 조폐국에 있는 금을 30배 이상으로 늘릴 수 있다고 했다. 하지만 원로원 일부 의원들은 7년 동안이나 어떻게 기다리느냐고 발끈했다. 마침내 사람들은 브라가디노에게 금을 만드는 능력을 당장 보여달라고 요구했다.

브라가디노는 거만한 태도로 나왔다. 인내심이 부족한 베네치아 시민들이 자신을 배신했으니 금을 만들 수 없다는 것이었다. 그는 베네치아를 떠나 북동부 파도바로 갔다가 1590년에는 바이에른 대공의 초청을 받아 뮌헨으로 갔다. 바이에른 대공은 과거에 엄청난 부를 누렸지만 방탕한 생활로 재정적 곤궁을 겪고 있었다. 그래서 브라가디노의 연금술을 통해 과거의 부를 되찾고 싶어 했다. 브라가디노는 그의 지원을 받으며 베네치아에서 누렸던 호화로운 생활을 다시 시작했고, 똑같은 패턴이 반복되었다.

사람들은 왜 종교를 선망하는가?

사람들은 진실에 별로 관심이 없다. 열심히 노력해서 삶이 변화했다는 평범한 이야기는 듣고 싶어 하지 않는다. 그들이 원하는 이야기를 들려주라. 신비로운 무언가로 인해 개인적인 변화를 겪었다는 암시를 주고 그것에 영묘한 색채를 더하라. 그러면 당신을 숭배하는 추종자들이 몰려들 것이다. 사람들의 욕망에 맞춰 움직여라. 구세주는 자신을 따르는 이들의 욕망을 그대로 비추어 보여줘야 한다. 그리고 항상 거창한 목표를 향하라. 당신이 제시하는 환상이 크고 대담할수록 더 효과적이다.[12]

인간은 본래 무언가를 믿고 싶어 하는 강렬한 욕구가 있다. 사람은 의심하는 기간이 길어지면 참지 못하고, 믿을 대상의 부재에서 기인하는 공허함을 견디지 못한다. 새로운 대의, 만병통치약, 단기간에 부자 되는 법, 최신 기술 트렌드나 예술운동을 눈앞에 들이대면 사람들은 미끼를 물 듯 그것에 금방 달려든다.

사람들은 무언가를 믿고 싶은 압도적인 열망을 갖고 있다. 그들에게 새로운 신앙의 대상을 제시하여 그러한 열망의 지향점이 되어라.

말은 모호하게 하되 희망과 기대는 넘치게 하라. 이성이나 명료한 사고보다 열정을 강조하라. 새로운 신봉자들에게 의식을 거행하게 하고, 당신을 위해 희생할 것을 요구하라. 특히 조직화된 종교나 장엄한 대의가 없는 상황이라면, 당신이 창시한 새로운 신앙 체계가 막강한 권력을 창출해줄 것이다.[13]

3. 쑈를 하라!
- 새 술은 새 부대에

인생은 연극이고 쇼다!

인생이란 무엇인가? 플라톤은 인생은 연극이라고 정의한다. 10여 년 전 KT 광고 카피다.

"쑈를 하라!"

연극은 내 숨겨진 욕망을 투사한다. 고대 로마에서 연극은 지금의 미디어 전체를 말할 정도로 영향력이 컸다. 연극은 청중을 의식해야 한다. 청중의 욕망을 읽은 사람, 그 사람이 율리우스 카이사르였다.

로마에서 연극은 마치 종교의식처럼 평범한 시민들에게 즉각적이고 강력한 영향을 미쳤다. 율리우스 카이사르는 권력과 연극 사이의 중요한 관계를 처음으로 간파한 정치인일 것이다. 카이사르는 세계라는 무대에서 스스로 배우이자 연출자가 되었다. 그는 대본을 읽듯이 말했으며 몸짓과 행동을 할 때는 자기 모습이 청중에게 어떻게 비칠지 늘 의식했다. 그 덕분에 카이사르는 대단한 인기를 누렸다.[14]

카이사르처럼 항상 청중을 의식해야 한다. 그들이 무엇을 즐거워하고 무엇을 지루해하는지 알아야 한다. 당신은 늘 무대의 중심에서 관심의 초점이 되어야 하며 그 자리를 누구에게도 내주어서는 안 된다.

퍼포먼스의 달인 카이사르

율리우스 카이사르는 퍼포먼스의 달인이었다. 그는 원래 로마의 조영관으로 선출되면서 이름을 떨치기 시작했다. 조영관은 식량을 관리하고 축제와 각종 운동경기의 운영을 책임지는 관직이었다. 카이사르는 야생동물 사냥, 화려한 검투사 시합, 연극 콘테스트 등 여러 행사와 볼거리들을 적시에 개최하여 대중의 주목을 받았다. 이러한 대중적 인기는 그가 나중에 집정관이 될 때까지 권력의 토대가 되었다.

카이사르는 참모들 앞에서 루비콘강을 건널 것인가 말 것인가를 놓고 마치 무대 위의 배우처럼 독백했다. 그리고 강가에 나타난 키 큰 병사를 손으로 가리키며 말했다. 그 병사는 나팔을 불다가 잠시 후 루비콘강의 다리를 건너갔다.

"루비콘강을 건너는 저 나팔수를 보라. 저것을 신이 보내는 신호로 생각하자. 적들에게 복수하기 위하여 그 신호를 따르자."

"주사위는 이미 던져졌다!"

"왔노라! 이겼노라! 보았노라!"

카이사르는 손으로 루비콘강을 가리키고 시선은 장군들에게로 향한 채 엄숙하고 극적인 어조로 말했다. 그전까지 주저하고 있던 장군들은 그의 웅변에 압도되어 마음을 바꾸었다. 장군들은 같은 대의를 향해 하나로 뭉쳤다. 카이사르는 군대를 이끌고 루비콘강을 건넜고 이듬해 폼페이우스를 무찔렀다. 이후 카이사르는 로마의 독재자로 군림했다.

이왕이면 더 연출하라. 그리고 잊지 못할 순간을 제공하라. 그러면 사람들은 당신에게 복종하고 지지를 보낼 것이다. 왜냐하면, 자신의 숨은 욕망을 당신을 통해 대리 만족하기 때문이다.

화려하게 더 극적으로!

무대의 중심이 되려면 인생이란 연극은 더 화려하고 극적이어야 한다. 카이사르는 무대 중심으로 주인공으로 살았다. 그 삶을 화려하고 극적으로 만들었다.

폼페이우스를 무찌르고 난 후 카이사르의 로마는 공연과 행사의 규모가 더욱 커졌다. 전차 경주는 더 화려해졌고 검투사 시합은 극적인 요소가 한 층 강해졌다. 카이사르는 귀족들끼리 싸워 죽음에까지 이르는 시합을 조직하기도 했다. 로마 곳곳에서 연극이 공연되었고 극장이 새로 지어졌다. 기원전 45년, 카이사르는 이집트에서 전투를 끝내고 로마로 돌아올 때 극적인 효과를 위해 이집트 공주 클레오파트라를 데리고 와서 시민들을 깜짝 놀라게 했다.

과거 수천 년 동안에는 오로지 왕과 군주만이 대중적 이미지를 만들어내고 자신의 아이덴티티를 결정할 자유를 누렸다. 그러나 오늘날에는 누구나 자기 창조를 추구할 수 있다. 자기 창조의 세 단계를 활용해보라.

첫째, 자기의식이다

자기 자신을 배우로 생각하고 자신의 외양과 감정을 통제해야 한다는 뜻이다. 훌륭한 배우는 자신을 통제할 줄 안다.

둘째, 기억에 남는 이미지를 창출하라

극장의 관객에게 지속적인 긴장감을 주려면 속도와 패턴에 맞춰 적절한 순간에 속도를 높여야 한다. 손에 쥔 패를 절대 한 번에 보여주지 말고, 극적 효과를 최대화할 수 있는 순서로 보여주어라.

셋째, 다양한 역할을 해내는 방법을 배워야 한다

그 순간에 필요한 얼굴이 되라는 이야기다. 변화무쌍한 인물이 되어라. 파악할 수 없는 대상을 무너뜨리기는 불가능하다.[15]

이제 1%가 지배하고 99%는 복종하는 봉건사회는 저물었다. 누구도 왕처럼 군림할 수 있고, 1인 기업과 방송이 대세다. 늘 지루하고 예상되는 행동 방식으로는 주도권을 가질 수 없다. 인간은 지루한 사람을 가장 싫어한다. 심지어 대통령도 성직자도 교수도 이제 피해 갈 수 없다.

그러면 카이사르처럼 하기 위해서 무엇을 해야 하는가? 예수의 명언이다.

"새 술은 새 부대에!"

카이사르 못지않게 클레오파트라도 퍼포먼스의 달인이었다. 자결하는 순간에도 독사에게 자기 몸을 맡긴다.

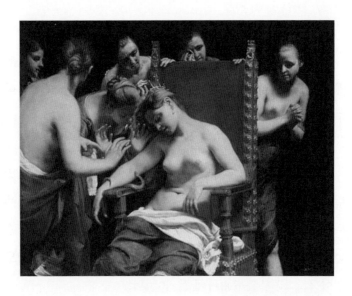

〈클레오파트라의 자살〉 귀도 파나치

출처: 김달진 미술연구소

4. 인정욕구를 간파하라!

인간을 정의하자면, 사람은 '인정받고 싶어 하는 존재'이다. 매슬로가 말한 인정욕구(Esteem Needs)이다. 그 사람의 인정욕구를 간파해야 한다. 인간은 얼마나 인정받느냐에 따라 인생의 가치의 척도가 달라진다. 그래서 인간은 타인에 의해 규정된다. 관계 속에서 존재가 드러난다. 내가 전교 1등을 했건 아파트를 샀건, 알아주고 인정하는 사람이 있어야 그 가치를 느낄 수 있다.

그러나 문제는 타인들이 나에 대해 그만큼 관심이 많지 않은 것이다. 내가 나에게만 관심이 많듯이, 타인도 자신의 문제에만 골몰하기 때문이다. 그래서 우리는 공허함과 결핍을 느낀다. 누구는 소셜미디어에 엽기적인 행각을 올리고 명품백, 남편의 생일 선물을 올린다. 그러나 그것도 잠시, 조금만 지나가면 다시 공허감이 밀려온다. 그래서 심지어 별풍선, 허풍과 과장, 가짜 뉴스까지, 그리고 자신의 경제적, 사회적 지위에 어긋난 행동을 한다.

단 한 번 허세 때문에 노예로 전락한 《데미안》의 싱클레어

소설 《데미안》에서 주인공 싱클레어는 소심한 소년이다. 그러나 마음속에는 용감하고, 당당한 인물로 인정받고 싶은 욕구가 내재해 있었다. 결국, 그 욕구가 폭발한다. 친구들에게 자신이 마을 과수원의 사과를 훔쳤다고 거짓말을 한 것이다. 악당 같은 친구? 크로머는 묻는다.

"정말이야! 진짜 하나님께 맹세할 수 있어!"

싱클레어는 어쩔 수 없이 맹세한다. 이 사실은 모두 진짜라고. 거짓이 거짓을 낳으면서 부풀려 얘기한 게 결국 부메랑이 되어 돌아온다. 악당 크로머는 이 무용담을 과수원 주인에게 알리겠다며 2마르크라는 큰돈을 요구한다. 경찰서에 가서 신고해도 2마르크의 포상금을 받으니 내일까지 주지 않으면 신고하겠다고 협박한다.

약점이 잡힌 싱클레어는 자신이 거짓말을 했다고 인정하기가 싫다. 결국, 집에 있는 저금통에서 몰래 돈을 훔쳐 와 65페니를 전달하지만, 나머지 1마르크 35페니의 빚은 계속해서 싱클레어를 옭아맨다. 크로머는 싱클레어 방 앞에서 휘파람을 불면서 협박도 하고, 자기 아버지가 시킨 심부름을 대신시키기도 한다. 십 분 동안 한쪽 발로 뛰게 한다거나, 지나가는 사람의 옷에 종이를 붙이라고 시킨다. 거기다 친누나를 데려오라고 협박한다.

싱클레어는 그 시절을 이렇게 한탄한다.

그 시절의 내 상태는 일종의 정신 착란이었다. 나는 우리 집의 잘 정돈된 평화 속에서 소심하고 고통스럽게 유령처럼 살았다.

싱클레어의 인정욕구

싱클레어는 저자 헤르만 헤세의 빙의(憑依)이다. 그는 유년기를 인도 선교사인 아버지 밑에서 자랐다. 그는 엄격한 규율과 주변의 기대를 한 몸에 받고 있었다. 늘 해방을 갈구했다. 그래서 다른 세상으로 날아가길 소망했다. 그래서 소설 데미안에서 이렇게 기술한다.

새는 알에서 나오려고 힘겹게 싸운다. 알은 세계다. 태어나기를 원하는 자는 하나의 세계를 깨뜨려야 한다. 새는 신을 향해 날아간다.

그 신의 이름은 아프락사스다[16].

많은 목회자 자녀들이 힘겨워한다.

"나도 다른 사람과 다르지 않은 평범한 사람인데…'

주변에서는 순둥이, 엄친아를 원한다. 그들은 늘 고뇌한다.

이런 문제는 목회자 가정뿐만 아니라 어느 가정에나 존재한

다. 목회자나 교사의 자녀들은 부모의 고객에게 노출도가 심

하기에 심적 부담도 크다.

싱클레어의 내면에는 '평범한 누구이고 싶다'는 열망이 있었다. 그래서 거짓말도, 도둑질도, 나중 이야기지만 술과 성적 욕구에, 심지어 데미안의 엄마 에바까지 흠모하는 금기를 스스로 폭로한다. 그러나 거짓말의 대가는 너무 혹독하고, 죄값을 치르기에 자신은 나약하다. 그래서 또 다른 자아 데미안을 만든다. 데미안은 단번에 악당 크로머를 일소해 버린다.

싱클레어의 인정욕구는 우리 내면에 있는 이중성이다. 선을 추구하라는 압박 속에서 악을 희구하는 욕망, 나도 악할 수 있는 자유, 악을 선택할 수 있는 자유, 그리고 악을 과감하게 시도하고, 악인으로 추앙받고 싶은 욕망이 그 안에 내재 되어 있다.

그것이 '아프락사스'다. 천사이지만 머리는 닭 대가리, 몸은 사람이지만 다리는 뱀이고, 폭력을 피하려 방패를 들지만 한편에는 타인을 학대하는 채찍을 들고 있는 이중성의 천사다. 나도 악할 수 있다. 이 이중성을 인정해 달라는 외침이다.

우리는 고정관념 속에서 타자를 규정지어 버린다. 그 사람은 좋은 사람, 착한 사람, 양보하는 사람, 배려심이 많은 사람이라고 믿고 지레짐작한다. 그 말이 칭찬으로 들리지만, 다른 한편에서는 무시와 비하로 들린다.

"상대의 양보와 배려에 꼭 감사함을 표시하라. 그리고 절대 상대의 행동이 당연하다는 인상을 주지 말라."

그런 당신을 보며 한편에서는 울고, 한편에서는 분노하고 있다. 이것이 싱클레어가 허세를 부르며 거짓말한 동기가 아닐까?

신과 악마가 싸우고 있다. 그리고 그 전쟁터가 바로 인간의 마음이다.

도스토옙스키

히스기야의 인정욕구

남유다의 제13대 왕 히스기야(B.C. 728-687년)는 북이스라엘의 패망과 앗시리아의 남하 정책에 맞서야 하는 위기 정국을 신앙으로 헤쳐나간 현군(여호사밧, 요시야 등) 중 한 사람이다. 부친인 아하스에 의해 폐쇄되고 더럽혀졌던 성전을 깨끗이 정화하고, 성전 문을 다시 열고 여호와 예배를 회복시켰다. 이사야, 미가 선지자와 함께 백성의 영적 각성 운동을 벌이는 등 구약시대 가장 신실한 통치자 가운데 하나로 인정되었다.

기원전 701년 앗시리아 왕 산헤립은 남 유다를 침공하여 예루살렘을 포위하고 투항할 것을 권고하였지만 히스기야는 기도로 예루살렘을 살려낸다. 하나님이 응답하신 것이다. 앗시리아 군사는 하룻밤에 185,000명의 전사자를 남기고 퇴각하였다(열왕기하 18-19장).

그 후 히스기야는 등창으로 추정되는 병에 걸려 거의 죽게 되었다. 그는 또 간절히 기도한다. 하나님은 그에게 응답하시고 15년 더 생명을 연장해 주었다(열왕기하 20:1-11). 이것이 유명한 히스기야의 기도다.

히스기야가 회복되었지만, 주변 열강들의 상황은 녹록지 않았다. 앗시리아와 바벨론이 중동에서 치열한 패권 다툼을 시작한 시기였다. 바벨론 왕 므로닥 발라단은 히스기야의 생환을 축하하기 위하여 사절단을 보냈다. 그러나 실제로는 히스기야를 설득하여 앗시리아 세력에 대항할 비밀 동맹을 맺으려는 의도였다.

히스기야는 바벨론 사절에게 모든 성전과 왕궁의 보고(寶庫)를 공개한다. 이는 장차 바벨론에 의한 유다 왕국의 멸망을 암시하는 행위로 성경은 기록한다. 히스기야는 선지자 이사야에게 책망을 받는다. 이사야는 바벨론에 의해서 왕국이 멸망하고 포로로 끌려갈 것이라고 경고한다. 그러나 히스기야는 계속해서 안이한 태도를 보이며 이렇게 말한다.

내가 사는 날에 태평과 진실이 있을진대 어찌 여호와의 말씀이 선하지 아니하리요(열왕기하 20:19).

히스기야의 인정욕구는 모든 성전과 왕궁의 보고(寶庫)를 공개하기에 이르게 했다. 잘못된 인정욕구가 책망과 멸망의 빌미가 되었다.

또 다른 인정욕구 "보상심리"

인정욕구는 또 다른 형태의 모양으로 발전한다. 히스기야는 어린 시절부터 아버지 아하스 왕의 폭정을 목격한다. 그리고 왕위를 계승하고 철저한 종교개혁을 단행한다. 그리고 그 시기에 형제 국가인 북이스라엘이 앗시리아의 공격을 받아 멸망한다. 이제 앗시리아의 남하 정책에 따라 남 유다 예루살렘도 포위당한다.

히스기야는 외교적 방법으로 해결하려 이집트의 원정군을 요청한다. 그러나 앗시리아 왕 산헤립은 이집트의 증원군을 막아낸다. 사방이 앗시리아 군대의 위협으로 사로잡혀 있를 때 히스기야는 하나님께 간절한 기도를 통해서 앗시리아를 물리친다. 하루아침에 18만 5천 명이 송장이 되었다. 일부 역사학자들은 간밤에 피·아를 몰라 서로 싸우다 죽었다는 견해와 들쥐에 의한 페스트가 주둔지에 급속도로 펴졌다는 주장을 하기도 한다.

한편, 히스기야는 자신의 죽음을 앞두고 다시 면벽(面壁) 기도를 통해 자신의 생명을 십오 년 연장받는다. 그는 이스라엘의 몇 안 되는 현군(賢君)으로 인정받는다. 그러나 그의 인생 말년에는 자신의 업적을 자랑하고, 선지자 이사야의 말을 가볍게 여긴다.

자신의 재임 기간 41년 동안 수많은 전쟁과 국가의 존폐 위기를 넘기고, 철저한 우상 파괴 및 성전 재건, 심지어 죽음의 고비도 기도로 이긴다. 신의 축복이며, 역전의 상징으로 각인된다.

승승장구한 히스기야는 이제 자신의 성공을 자화자찬한다. 그동안의 성공을 맹신한다. 이미 정세는 바벨론으로 기울어져 있고, 느브갓네살이라는 강력한 정복자가 나타날 태세였다. 얼마 후 적국으로 등장할 바벨론의 사신들에게 수도 예루살렘의 심장, 성전을 공개하고 만다.

히스기야는 인정욕구와 보상심리로 이 같은 실책을 범한다. 생명이 연장된 축복의 시간에 아들 므낫세가 태어나지만, 역설적으로 므낫세는 이스라엘 역사상 전무후무한 폭군이 된다. 심지어 오촌 당숙 뻘인 선지자 이사야를 나무에 묶어 톱으로 썰어 죽인다.

과대망상의 유혹

인간은 자기 자신을 높이 평가하고 싶은 깊은 욕구가 있다. 하지만 나의 선량함, 위대함, 똑똑함에 대한 평가가 현실과 너무 괴리되면 과대망상이 된다. 우리는 내가 우월하다고 상상한다.

종종 조그만 성공으로도 우리의 타고난 과대망상은 위험한 수준까지 높아질 수 있다. 스스로 내린, 자신에 대한 높은 평가가 이제는 결과로 확인됐기 때문이다. 내가 성공하는 데 기여했던 행운의 역할이나 남들의 공을 잊어버린다. 이제는 손대는 것마다, 성공할 거라고 착각한다.

우리는 현실감각을 잃어버리고 비이성적인 의사 결정을 내린다. 성공이 종종 지속되지 않는 것은 그 때문이다. 당신 자신이나 타인에게서 과대망상의 신호가 없는지 찾아보라. 늘 당신 자신이나 당신의 한계를 현실적으로 평가함으로써 과대망상의 유혹에 대처하라.[17]

5. 뛰는 놈 위에서 공략하라!
- 조폭 알 카포네와 야곱

첫째, 경청할 것.

둘째, 절대 지루해 보이지 말 것.

셋째, 상대방이 정치적 의견을 밝힐 때까지 기다렸다가 그 의견에 동의할 것.

넷째, 다른 사람이 종교적 견해를 드러내도록 하고, 그다음 자신도 같은 견해를 갖는다고 할 것.

다섯째, 성적인 대화를 암시하되, 상대방이 강한 관심을 보이지 않는 한 지속하지 말 것.

여섯째, 특별한 문제가 발견되지 않는 한 질병에 대해 논하지 말 것.

일곱째, 절대로 남의 사정을 캐지 말 것. (그들이 다 이야기해줄 것임)

여덟째, 자랑하지 말되 당신의 중요성을 조용히 드러나게 할 것.

아홉째, 절대로 어수선하지 말 것.

열 번째, 절대 취하지 말 것.

조폭 알 카포네를 농락한 정직한 사기꾼

위의 열 가지는 '사기꾼을 위한 십계명'이다. 이 십계명은 20세기 희대의 사기꾼 빅토르 뤼스티그(1890~1947)가 평소에 자주 언급했다.

1920년대 미국 암흑가를 주름잡던 갱단의 대명사 알 카포네에게 어느 날 불쑥 사기꾼 빅토르 뤼스티그가 찾아왔다. 그는 유럽식 악센트를 쓰며 자신을 뤼스티그 백작으로 소개한 뒤, 대뜸 "제게 5만 달러만 투자하면 주면 2개월 뒤 두 배로 부풀려 주겠다"라고 제안했다.

알 카포네는 어처구니가 없었다. 그러나 뤼스티그에게는 은근히 끌리는 면이 있었다. 기품 있는 행색과 말투, 그리고 자신감 등등. 그래서 알 카포네는 한 번 시험해 보고 싶어졌다. 알 카포네는 5만 달러를 즉석에서 건네주며 "당신이 말한대로 60일 안에 두 배로 갚으라"고 말했다.

뤼스티그는 5만 달러를 건네받자마자 그 돈을 곧장 시카고의 한 은행 금고에 보관한 뒤 뉴욕으로 떠났다. 그러고는 두

달 동안 자신이 추진 중인 다른 사업(?)에만 몰두한 채 5만 달러를 부풀리기 위한 노력은 눈곱만큼도 하지 않았다. 그러다가 60일째 되는 날, 그는 은행 금고에 맡겨두었던 돈을 찾아 알 카포네를 방문했다.

뤼스티그는 대단히 미안한 표정을 지으며 말했다.

"카포네 씨, 정말 죄송합니다. 제가 추진하던 계획이 실패했습니다."

알 카포네는 뤼스티그의 낙담한 얼굴을 쳐다보면서 이 인간을 어느 강물에 처넣을까 궁리하기 시작했다. 그런데 뤼스티그는 정중히 5만 달러를 꺼내 놓았다.

"당신이 제게 주신 돈입니다. 5만 달러에서 1센트도 빠지지 않을 겁니다. 이번 일은 제 인생에서 가장 수치스러운 결과입니다. 꼭 네 배 이상으로 부풀릴 수 있다고 생각했고 계획도 치밀했는데, 그만 예기치 않았던 일이 터지는 바람에 결국 수포로 돌아가고 말았습니다. 하지만 제가 얼마나 열심히 이 돈을 부풀리려고 노력했는지는 하나님도 아실 겁니다."

그러면서 정말 실망한 표정으로 이렇게 덧붙였다.

"그래도 당신에게까지 피해를 입혀서는 안 되겠기에 원금은 마련해 가져왔습니다."

알 카포네는 순간 혼란스러워졌다.

"난 당신을 처음 봤을 때 사기꾼이라 생각했소. 그래서 내 돈을 가지고 도망가거나, 아니면 이 돈을 밑천으로 또 다른 사기를 쳐서 네 배로 부풀려올 것으로 예상했는데, 어쨌든 내 판단이 틀렸소"

"정말 죄송합니다. 카포네 씨. 그럼."

뤼스티그가 정중히 인사하고 그곳을 나서려는데, 알 카포네가 그를 불러 세웠다.

"당신같이 정직한 사람은 최근에 본 일이 없소. 내 성의로 받아주시오."

그러면서 알 카포네는 천 달러짜리 지폐 다섯 장을 건넸다. 뤼스티그는 몹시 놀란 표정으로 주저주저하다가 끝내 고맙다는 말을 덧붙이며 그 돈을 받았다. 그러고는 곧 그곳을 빠져나왔다. 당시 상당한 거금인 5천 달러야말로 뤼스티그가 처음부터 노렸던 돈이었다.

상대의 마음을 해독하는 능력

전설적인 갱스터 영화 <대부>, <Once Upon A Time In America>에서 주인공들은 진짜 사람을 만나고 싶어 한다. 자신을 배신하는 형과 약물에 빠진 여동생, 아내의 비난 속에서 대부 '알파치노'의 절규를 보았는가? 이미 그의 마음은 단한 사람, 바로 인간미가 넘치는 진정한 인간을 목이 마르게 기다리고 있었으나, 그는 늘 어두운 사무실에서 고독하게 홀로 앉아있다.

사기꾼 뤼스티그는 이미 에펠탑을 수없이 팔아먹고, 달러를 찍어내는 기계를 판매하는 등 기상천외한 방법으로 사기 행각을 벌인다. 그런 그가 알 카포네에게 목숨을 건 게임을 건 이유는 간단하다. 그가 필요로 하는 것을 자신이 줄 수 있었기 때문이다. 바로 인간미와 정직, 그리고 자신에게 끝까지 충성하는 충신을 보고 싶은 알 카포네의 마음을 간파했다. 그는 5천 달러를 벌기까지 불과 2일의 시간밖에 투자하지 않았다. 알 카포네를 만나러 간 날, 5만 달러를 반납하러 간 이틀이다. 괜찮은 일당 아닌가?

사람의 마음을 읽으라!

그가 지금 무엇에 목말라 하는지, 불만이 무엇인지, 깊은 마음속 감추어진 욕구가 무엇인지 관찰하라!

"마음 읽기가 돈이다!"

야곱의 점박이 염소

성경에서 가장 파란만장한 인생을 살아온 사람을 꼽으라면 야곱을 따라갈 사람이 없다. 자기 스스로 험난한 인생을 살았다고 이집트의 파라오에게 고백했으니 말이다. 그는 아버지 이삭과 형 에서를 속이고 유산 상속권을 가로챈다. 야곱은 위기를 피해 외삼촌의 집으로 도피한다.

외삼촌 라반은 야곱보다 한 수 더 높은 사기꾼이었다. 야곱은 이종사촌 누이 중 어여쁜 라헬을 아내로 약속받고 7년을 고생하며 일했으나, 결혼식 다음 날 잠에서 깨어보니 언니 레아가 옆에서 자고 있었다. 외삼촌은 7년을 더 기다리면 둘째 라헬을 주겠다고 약속한다. 야곱은 다시 7년을 하루 같이 기다리며 라헬을 차지한다.

이제 고향으로 돌아갈 일만 남았으나 야곱은 종살이하면서 재산을 모으지 못했다. 어차피 당장 못 돌아갈 형편인 야곱은 외삼촌 라반에게 솔깃한 제안을 한다.

뛰는 놈 위에 나는 놈

야곱은 삼촌에게 이렇게 제안한다.

"삼촌 제가 여기서 14년간 고생했으니 이제 양과 염소 중

아롱진 것과 점박이가 나오면 제 품삯으로 주십시오."

사실 외삼촌 라반의 입장에서 야곱의 요구는 현물이 아니라 장차 태어날 새끼 중 얼룩이 점박이를 자기 몫으로 달라는 것이다. 양은 본래 흰색인데, 얼룩이나 점박이가 나오면 품삯으로 달라는 제안이었다. 염소도 마찬가지다.

라반은 태어날 확률도 낮고 모양새도 좋지 못한 돌연변이를 야곱에게 주는 것은 그다지 큰 손해가 아니라고 판단한다. 라반도 계획이 있었다. 라반은 야곱에게 흰색 양과 검은색 염소만 키우도록 맡긴다. 얼룩이와 점박이가 나올 수 있는 확률을 최대한 제거해버린 것이다.

그러나 야곱은 14년 동안 목동으로 살면서 시간을 헛되이 보내지 않았다. 통계적으로 어떤 환경이 되면, 얼룩이와 점박이가 심심치 않게 나온다는 것을 알고 있었다. 버드나무, 살구나무, 신풍나무(플라타너스)를 보면 이상하게도 얼룩이와 점박이를 임신하는 경우를 종종 보았던 것이다.

시간은 야곱 편

야곱의 점박이 양과 염소들은 엄청나게 불어난다. 수학적으로 계산하여도 양이나 염소는 보통 5개월(150일)이면 새끼를 낳는다. 새끼는 보통 2마리를 낳는다. 어린 새끼는 3~4개월만 자라도 번식이 가능하다. 계산상으로 일 년에 3대가 가능하다. 만일 양 100마리를 길렀다면 2대까지 300마리, 1년이면 약 900마리로 번식할 수 있다.

심지어 야곱은 튼튼하고 실한 양이 새끼를 밸 때는 나뭇가지를 설치하고, 비실거리는 양들이 새끼를 밸 때는 나뭇가지를 치웠다. 그래서 야곱의 양들은 튼튼하고 좋은 양들로 채워지고, 라반의 양들은 상대적으로 품질이 떨어졌다. 약한 염소가 새끼를 배면 삼촌에게 보낸다. 6년 동안 그렇게 양과 염소가 불어났다.

이에 그 사람이 매우 번창하여 양 떼와 노비와 낙타와 나귀가 많았더라(창세기 30장 43절).

그리고 외삼촌 라반과 그의 아들들은 자신들이 속았다는 것을 알자 몹시 분노하게 되고, 결국 야곱은 모든 재산을 싣고 야반도주를 감행한다.

해석 – 속내를 드러내지 말라

포커페이스를 지니라. 카카오, 페이스북, 줌 등은 처음 무료로 모든 프로그램을 풀어버린다. 심지어 현금도 함께 풀어가면서. 그리고 축적된 데이터를 가지고 새 사업을 시작한다. 이들이 진짜 나는 놈이다. 이들의 전략은 단순하다. 축적된 데이터를 활용한다.

"마치 축적된 데이터를 가지고 얼룩이와 점박이를 모았던 야곱처럼!"

6. 평판과 선입견으로 나를 지키라!
- 제갈량과 나병환자

거문고 하나로 15만 대군을 무찌른 제갈량

제갈량은 평판과 선입견으로 나라를 지켰다. 사람의 평판과 선입견은 쉽게 바뀌지 않는다. 제갈량은 평판과 선입견으로 사마의의 대군을 물리쳤다.

228년 봄, 중국 기산 깊은 곳에 위치한 서성(西城)은 아주 조용했다. 사마의의 15만 대군 앞에는 제갈량의 2,500명의 군사만 있었다. 제갈량이 성루에 올라가 멀리 보니, 먼 곳에서 흙먼지가 피어올랐다. 위나라 군대가 두 갈래로 쇄도해 오고 있다.

제갈량은 수하들에게 깃발을 숨기라고 말하고 네 개의 성문을 활짝 열게 한다. 문마다 20명의 군사를 일반 백성의 옷을 입히고 바닥을 쓸게 했다. 제갈량은 머리에 윤건을 메고 학창의를 입고, 두 명의 소동(小童)을 데리고 누각에 올라간다. 난간에 의지하여 향을 태우며 거문고를 연주한다.

사마의의 부대가 성 아래 도착해보니, 제갈량이 이렇게 맞이할 줄 전혀 예상치 못했다. 사마의는 사실을 확인해 보고자 말을 타고 도착하자 깜짝 놀라고 만다. 20여 명의 백성이 질서 있게 바닥을 청소하고 있고, 성루 위에 제갈량이 웃음을 띠고 거문고를 연주하고 있었다. 왼쪽의 소동은 검을 쥐고 있고, 오른쪽 소동은 불진(佛塵)을 쥐고 춤을 추고 있었다.

사마의는 제갈량의 지금까지의 전략을 정확히 간파하고 있었다. 제갈량은 형세, 이해득실이 불명확하면 절대 함부로 움직이지 않는 장수라고. 차라리 뒤처질지언정 절대 모험하지 않는 것이 제갈량이었다. 사마의는 제갈량이 이미 공성전(攻城戰)을 완벽하게 대비한 것으로 착각하고 전군을 북산으로 퇴각시킨다.

제갈량은 부하에게 이렇게 말한다. "사마의는 나를 평생 조심성 있게 살아온 것을 알고 위험한 일을 벌이지 않는 걸 알고 있다. 사방의 성문이 열려 있는 것을 보면 반드시 퇴각할 것이다"

"나에 대한 평판과 이미지를 끝까지 지키라! 그리고 역으로 이용하라!"

나병환자 4명이 아람 대군을 회군시키다

기원전 850년 아람(시리아) 왕 벤 하닷 2세는 북이스라엘 선지자 엘리사에게 패배하고 포로로 잡힌 뒤, 음식을 얻어먹고 송환되는 수모를 겪는다. 그는 다시 북이스라엘을 침공하는데, 이번에는 수도 사마리아를 에워싼다. 모든 공급망을 차단하여 이스라엘이 항복하고 나오게 만드는 전략을 취한다.

성안은 이미 아수라장이 되었다. 나귀 한 마리의 가격이 은 80세겔이고 연료로 사용할 비둘기 똥의 가격이 은 다섯 세겔이었다. 반 세겔이 성전세였으므로 적어도 한 세겔의 가격은 10만 원 정도로 추정된다. 먹을 음식이 없어 어린 자녀들을 삶아 먹는 일까지 벌어진다. 이때 더욱 힘든 사람들은 부정한 죄인으로 낙인찍힌 나병 환자들이다. 이들은 성안으로 들어가지도 못하고 성문 어귀에서 죽어가고 있었다.

이들은 어디를 가도 죽을 것이니 마지막으로 적진인 아람 군대 진영에 가서 구걸하려고 출발한다. 그런데 아람 진영의 대군은 모두 급히 도망치고 없다. 나병환자들은 음식, 보석, 나귀와 천막을 차지한다.

불 말과 불병거의 트라우마

이 사건이 있기 얼마 전 선지자 엘리사는 불 말과 불병거를 통해 아람 군대를 무찌른다. 패배한 벤하닷은 이번에는 공성

전을 취하지 않고 굶주려 스스로 투항하게 하는 포능기지(飽能

飢之-배부른 적을 굶게 한다,《손자병법》,〈허실편〉) 전략을 사용한다.

그런데 생각지도 않은 거지 떼들이 계곡에서 걸어온다. 가까이 다가올수록 거지들의 발걸음 소리는 메아리치며 점점 웅장하게 울리며 공포로 다가온다. 앞서 있었던 열왕기상 6장의 불 말과 불병거에 대패한 트라우마가 다시 일어난다. 아람 군대는 모든 물자 장비 식량을 두고 도망치게 된다.

결국, 북이스라엘은 싸우지 않고 적을 철수시킨다. 의도치 않은 나병환자 4명을 통해서 마치 포병 전술의 위협 사격, 교란 사격과 같은 효과를 거둔 것이다. 적군이 있는 위치는 정확히 모르지만, 드문드문 포탄을 떨어뜨려 과거의 공포감을 회상시키고 조장하는 전술이다.

사기도, 전쟁도, 삶도 심리전이다.

걸려들었다!

사기는 테크닉이 아니다. 심리전이다.

그 사람이 뭘 원하는지, 뭘 두려워하는지 알면,

게임 끝!

영화 〈범죄의 재구성〉, 염정아의 엔딩 내레이션에서

7. 감추어진 욕망을 자극하라!
- 신경숙, 모세

모든 별들이 저에게 쏟아지는 것 같았어요

서울이라는 도시에서 만난 사람들 중에 가족 말고 제 이야기를 이 렇게 열심히 들어주는 분을 처음 만났어요. 제 사정을 들으시더니 그 래도 학교는 나와야 한다고 하셨어요. 대신 반성문을 쓰라고 하셨는 데, 제가 쓴 반성문을 보시더니 "너는 소설가가 되는 게 어떻겠니?" 라고 하시더라고요. 그 말을 듣는 순간, 밤하늘에 떠 있는 모든 별들 이 저한테 쏟아지는 것 같았어요. 어릴 때부터 남몰래 누군가에게도 이야기하면 안 될 것 같은 꿈이 작가였거든요.

대표작, 《외딴방, 엄마를 부탁해》 신경숙 작가의 10년 전 인터뷰다. 여공 시절, 노조원들과 회사 관계 때문에 야간 산업체 고등학교에 결석한 자신에게 늘 관심을 가져주셨던 고등학교 담임선생님께서 '반성문'을 읽고 해 주신 말씀이다.

"너는 소설가가 되는 게 어떻겠니?"

전기도 들어오지 않는 전라도 오지에서 자란 그녀. 어린 시절 글이 신기하고 동네 간판 글자가 신기했다고 한다. 소설을 읽으며 궁금했던 타인의 삶과 마음을 읽는 것이 재미있었다고 회고한다. 어린 그녀에게는 이미 내심 작가가 되고 싶은 꿈이 있었다. 그런데 그 숨은 욕망을 담임선생님은 정확히 읽어내고 있었다.

숨겨진 욕망을 읽어내라!

사람마다 숨겨진 욕망이 있다. 살아갈 때 우선순위로 내 안의 욕망을 읽어내야 한다. 우리말로 '욕망'이라는 단어의 어감이 안 좋다. 쾌락적이고, 이기적이고, 심지어 퇴폐적인 생각도 하게 된다. 욕망보다는 희망, 소망, 비전, 꿈이라고 말할 수 있으나, 욕망이란 국어사전의 뜻대로 '부족을 느껴 무엇을 가지거나 누리고자 탐함'이다.

부족을 느낀다는 것에 주목하자. 만족하지 못하는 그 무엇이 바로 '욕망'이다. 16살 어린 여공으로 온종일 나사를 박았던 그녀에게 글을 읽고 글을 쓴다는 것은 마치 구원과 같았을 것이다.

《결국, 재능을 발견한 사람들의 법칙》(가미오카 신지, 유나연 옮김)에서 자신의 숨은 재능을 찾는 방법이 좋은 참고가 될 것이다.

첫째, 어린 시절 좋아했던 것!
둘째, 지금 남들보다 훨씬 잘할 수 있는 일!
셋째, 부모님이 가진 재능 – 대부분 자녀도 물려받는다.

너무 식상한 이야기지만, 신경숙 작가의 예와 일치한다. 어린 시절 글 읽는 것이 너무 좋았던 그녀는 남들보다 글을 잘 읽을 수 있고, 잘 쓸 수 있다는 것도 알았다. 작가의 어머니는 늘 책 읽는 그녀를 잘 보살피고 책을 읽을 수 있도록 도와주었다. 그리고 어떻게 해서든지 대학 공부는 시켜보겠다고 자녀들을 모두 서울로 상경시켰다.

작가의 부모는 교육열이 대단했다고 한다. 소설 《외딴 방》을 통해서도 간접적으로 알 수 있다. 추정하기에는 작가의 엄마도 감성과 표현력이 남달랐을 것으로 추측된다. 《엄마를 부탁해》의 마지막 장에서 엄마의 내래이션을 읽어 보면 작가가 아는 엄마의 묘사 능력을 엿볼 수 있다.

소나무가 울창하구나. 어떻게 이 도시에 이런 마을이 있다냐? 참, 꼭꼭 숨어 있네. 엊그제 눈이 왔냐? 나무에 흰 눈이 소복하네. 네 집 앞에 어디 보자. 소나무가 세 그루나 있네. 내가 앉기 좋으라고 꼭 그 사람이 옮겨 심어놓은 것 같구나. 내가 그 사람 얘기를 꺼내다니…. 그래도 나는 너를 만나고 그 사람을 만나러 갈 것 같아. 그럴 게야. 그래야 한다고 생각한다.

뉴턴은 어릴 적 울보에 왕따였고, 찰스 다윈은 벌레나 새를 관찰하는데 빠져 있어서 엄격한 아버지에게 '유치하고 열등하며 가족의 명예를 실추시키는 존재'라고 폭언을 들었다. 스필버그는 난독증 때문에 학창 시절 낙오자로 인식되었다. 그러나 뉴턴은 홀로 숫자를 다루며 미적분을 발표했고, 다윈은 새와 곤충을 연구하여 진화론을, 스필버그는 글이 아닌 영상으로 메시지를 전하는데 세계 최고의 대가가 되었다.

이집트 왕자

자기 안의 욕망을 끌어낸 사람이 있다. 바로 모세다. 기원전 1,500년 전, 이집트의 파라오가 되는 것은 인간 욕망의 최고 봉일 것이다. 특히 남자, 그리고 궁정에 있는 왕자들에게는.

그러나 왕자도 태생이 나쁜 왕자에게는, 직계가 아닌 방계(傍系)에서는 더욱 오를 수 없는 유리천장일 것이다. 심지어 자신이 공주의 몸에서 나온 것도 아니고 주워온 아이라면 일찌감치 포기해야 한다.

그러나 모세는 꿈을 포기하지 못한다. 모세는 권력욕이 대단했다. 훗날 일이지만, 모세는 자신의 권위에 도전하거나(장인, 이드로), 반란(고라의 자손)을 꿈꾸는 세력은 단호하게 처단한다.

그런 그에게 시련이 닥친다. 동족 히브리인을 학대하는 이집트 관리를 보고 분을 참지 못하여 살해하고 모래에 묻어버린다. 그리고 이 사건은 파라오의 귀에 들어간다. 남은 건 망명밖에 방법이 없다. 모세는 쓸쓸히 미디안 광야로 쫓겨난다.

40년 동안 그는 양치기가 되어 목동으로 살아간다. 80세 노인 모세, 그때 하나님이 나타난다. 가시 떨기나무에서 불이 올라오는데 나무는 타지 않는다. 하나님의 현현이다. 그 사실도 놀라운데 하나님은 그의 숨은 욕망을 정확히 간파하고 이같이 지시한다.

내가 너를 바로(파라오)에게 보내어 너에게 내 백성 이스라엘 자손을 애굽(이집트)에서 인도하여 내게 하리라(출애굽기 3:10).

심리청백전!

하나님은 모세가 어린 왕자 시절부터 품어왔던 꿈을 읽고 계셨다. 모세의 마음속에는 아직도 권력에 대한 좌절감과 동족 이스라엘 사람들의 학대에 대한 분노가 자리 잡고 있었다. 이보다 적임자가 누가 있겠는가? 파라오의 왕좌와 동족의 해방, 이집트 왕자 모세가 평생 꿈꾸던 감춰진 욕망이었다.

> 리더십이란, 당신이 성취하고 싶은 일을 다른 사람이 원해서 하도록 만드는 기술이다.
>
> 아이젠하워 장군

리더십을 발휘하고 싶은가?
그의 숨겨진 욕망을 자극하라!
그리고 그가 원해서 내 일을 대신하게 만들라!
하나님이 모세를 사용한 것처럼!

8. 지옥 버튼을 누르면 페르소나(인격)가 무너진다!
– 완전한 행복, 요아스

> 상처 없는 성인은 없다. 인간은 상처를 통해 성장한다. 그러나 상
> 처로 인해 자기 안에 지옥을 만들기도 한다. 그 부분의 버튼이 건드
> 려지는 순간, 이성이 통제할 겨를 없이 폭발해버리기도 한다.
>
> 정유정 작가

정유정 소설《완전한 행복》에서 주인공 유나는 완전한 행
복이라는 꿈을 찾아 나선다. 유나는 아빠의 사업 실패와 별
거로 외가에서 홀로 외롭게 자란다. 언니에 대한 부모의 편애
에도 시달린다. 그리고 오로지 자신만이 누릴 완전한 행복이
라는 왜곡된 꿈을 찾아 나선다.

그녀에게 타인은 행복의 수단이다. 완전하고 완벽한 행복
을 추구하는 수단. 그래서 심지어 아버지까지 커피에 수면제

를 타서 살해했다는 의심을 받는다. 그녀 주변의 남자들, 유학 시절 연인과 첫 남편 모두 의문의 사고사로 죽는다. 심지어 자기 딸까지 과도한 통제와 폭력으로 '가스라이팅'을 가한다. 딸을 심각하게 폭행하고, 심지어 이를 말리는 새아빠 은호까지 죽이려 한다.

주인공 유나는 딸 지유를 모질게 구타한다. 이를 말리는 남편 차은호에게 욕설을 퍼붓는다. 그리고 다음 날, 아무 일 없었다는 듯 이렇게 말한다.

"난 당신이 우리 지유를 그렇게 사랑하는지 몰랐어!"

소설을 읽으며 나를 가장 놀라게 한 대사였다.

소설의 시작 부분에 나오는 주인공 유나의 내레이션 또한 소름 돋는다.

행복은 덧셈이 아니야, 행복은 뺄셈이야. 완전해질 때까지 불행의 가능성을 없애는 것.

그녀는 그렇게 자기 행복의 장애물을 제거해 나간다.

정유정 작가는 인터뷰에서 이렇게 말한다.

사람마다 과거의 상처가 있다. 그래서 반대로 그 상처를 잊고자 행복을 추구한다. 그 모습을 페르소나라고 한다. 페르소나(가면/인격)를 쓰고 우리는 상처를 감추고 살아간다. 그러나 일순간 혹독한 과거, 즉 지옥을 상기시키는 상황이 되면 – '지옥 버튼'이 눌러지면 – 자유 의지가 발동하고, 자신의 인격(페르소나)과 정반대의 행동을 한다.

과거의 상처는 바다의 암초처럼 숨어 있다. 숨어 있다가 일순간 접촉하게 되면 난파되고 마는 약하디약한 조각배와 같은 것이 우리 마음이다.

절대 건드리지 말아야 할 금기

상대의 과거를 캐묻지 말되 사설탐정처럼 은밀히 관찰해보라. 가족관계, 친구 관계, 결혼, 직장생활, 금전까지... 그가 어떤 삶을 지금까지 살아왔는지 알 수 있다. 셜록 홈즈가 되어 편린(片鱗)들을 모아 보라. 분명 그의 가장 어두운 부분이 있을 것이다.

미 해군에는 함정 안에서 다음과 같은 3대 금언이 있다. 상대방의 종교관, 정치 성향, 성(Sex)적 지향을 묻지 말라고 한다. 여기에 덧붙여 가족관계를 묻는 것도 결례라 한다. 우리도 최근 초면에 가족관계를 묻는 것을 결례로 여기는 분위기다.

왜 금언인가? 그 주제가 분노심과 적대감, 수치심, 열등감을 느끼기에 매우 적합한 주제이기 때문이다. 강자는 그 주제를 구실로 약자를 억누르기 좋다. 누구나 '지옥 버튼'을 건드리기 좋은 이슈들이다.

반대로 그러한 정보를 조심스럽게 수집하면 그가 어느 부분에서 약하고 수치스러워하는지 대략 알 수 있다. 그런 상황을 피하라. 절대 상대의 지옥 버튼을 건드리지 마라.

영화 '연산군'에서 장희빈은 폐비 윤씨의 모습을 재현한다. 이에 연산군은 어머니를 폐위시키고 사약을 내릴 때 반대하지 않은 신하 대부분을 숙청하고, 처형하였다. 이를 갑자사화(甲子士禍)라 한다. 반대로 장희빈은 이를 계기로 정적을 축출하고 자신의 오빠를 조정의 실권자로 옹립하며 권세를 누린다.

> 지식을 얻으려면 공부를 해야 하고, 지혜를 얻으려면 관찰을 해야 한다.
>
> 마릴린 보스 서번트(미국의 칼럼리스트)

마침내 폭발한 요아스

단일 신 여호와를 믿는 이스라엘 역사에서 가장 극악한 왕을 뽑으라 하면 바로 아합과 그의 아내 이세벨이다. 이때부터 공개적으로 바알과 아세라 우상을 공공연하게 섬기며 여호와 하나님을 부정한다.

그리고 북이스라엘의 강력한 국력을 두려워한 나머지 남쪽 유다도 정략결혼을 택한다. 아합의 딸 아달랴 공주는 남유다의 왕비가 된다. 지금으로 본다면 북한과 남한의 왕이 사돈 관계를 맺은 격이다. 그리고, 아달랴의 아들 아하시야가 남유다의 왕이 된다.

이들은 남과 북이 동맹하여 아람(시리아)과 전쟁도 함께한다. 전쟁터에서 부상을 입은 북이스라엘 왕 요람과 남유다 왕 아하시야는 이스라엘 군대장관 예후의 쿠데타로 모두 몰살당한다.

그러나 북 이스라엘과 달리 남유다의 실권은 아하시야의 어머니이자 아합의 딸인 아달랴 공주가 장악한다. 그녀는 아들이 죽은 것을 계기로 정적들, 특히 왕족인 손자들을 모두 살해한다. 극적으로 한 살짜리 아기 요아스를 고모인 여호세바와 고모부 여호야다가 구출해 예루살렘 성전에서 숨겨 지낸다. 여호야다는 6년 후 제사장 등의 세력을 모아 반정을 일으키고 7살의 어린 요아스를 왕으로 세운다. 특히 다윗 왕조가 무너지는 고비를 고모부이자 제사장 여호야다의 기지와 용기로 넘어선다.

그러나 어린 왕 요아스는 비록 생명의 은인이지만, 섭정하고 간섭하는 고모부를 걸림돌로 여긴다. 실제로 성전 수리를 구실로 제사장들의 희생을 요구한 요아스는 고모부의 반대에 부딪힌다. 결국, 고모부가 죽고 요아스는 실권을 잡게 된다. 그러나 이때부터 자신의 숨겨진 욕구를 발산한다.

요아스는 과거 선조들의 행악을 되풀이한다. 다시 이방 신, 아세라 목상과 바알을 성전에 들여놓는다. 우상숭배의 죄악을 범한다. 심지어 고모부의 아들 스가랴의 충고와 직언을 듣고 분개한 나머지 성전에서 돌로 쳐 죽인다.

그의 실정은 계속된다. 아람(시리아)의 침략에 대군을 보유하고 있던 유다는 대패한다. 그리고 성전의 모든 보물을 전쟁 배상금으로 빼앗긴다. 요아스는 아람 군대의 공격을 받고 부상당했으나, 이제 자기 부하들은 고모부의 아들들을 죽였다는 이유로 그를 침대에서 살해하고, 그의 아들 아먀샤가 왕이 된다.

해석 – 요아스의 지옥 버튼

요아스는 고모부 때문에 목숨을 건졌고 왕위에까지 오를 수 있었다. 어떻게 보면 유일한 왕의 아들이고 홀로 생존했기에 그 왕위는 당연하다고 생각할 수 있다. 그러나 고모부는 39년간 섭정을 계속했다. 그는 자립하고 싶었으며, 민심이 고모부에게 쏠린 것이 몹시 못마땅했다. 결국, 고모부가 죽자 아들들까지 살해한다.

그리고 민심을 얻기 위해 무리수를 둔다. 유다의 정통성이자 국시(國是)인 여호와 하나님을 버리고 우상숭배를 허용한다. 그는 평생 백성들에게 "당신이 진정한 유다의 왕입니다"라는 말을 듣고 싶었을 것이다. 고모부의 긴 섭정 속에서 늘 고모부의 그늘에 가려져 있었다.

누구에게도 간섭받고 싶지 않은 독립의 욕구, 인정욕구가 그의 지옥 버튼이었다. 그 버튼을 건드리는 순간 배교하고 살인을 교사한다. 심지어 무모한 전쟁을 일으켜 수적으로 우세한 군대를 보유하면서도 아람 군대에 패배한다. 그리고 심복들의 손에 죽고 만다.

9. 대중을 비좁고 밀폐된 공간으로 모이게 하라
– 히틀러와 느헤미야

히틀러의 호프집 연설

히틀러는 연설에 있어 천부적인 재능을 지녔다. 그가 합법적으로 정권을 획득하고 유럽 대륙을 지배할 정도로 독일의 국력을 부활시킬 수 있었던 원동력은 그의 군중심리를 읽는 능력 덕분이었다.

히틀러는 통상적으로 독일인이라고 생각하지만, 사실은 오스트리아에서 1894년 태어났다. 그는 24살 때 독일 뮌헨으로 이주했다. 청년 시절 레알슐레(Realschule)라는 실업계 중등학교에 입학했지만 학업 성적은 저조했다. 1학년 때는 필수과목인 수학 및 박물학을 낙제했고, 2학년 때 수학을 또다시 낙제했다가 재시험을 쳐서 겨우 통과했지만 3학년에 올라가자 프랑

스어 과목에서 낙제하고 만다.

학교를 옮겨 다녀봤지만, 낙제를 반복했다. 그는 재시험 및 유급을 여러 번 경험한다. 한편 교사와의 갈등, 개인적 질병 등을 이유로 학교에 결석이 잦아 퇴교를 강요당한다. 그래서 그의 정식 학력 사항은 초등학교 졸업이 다였다.

1920년 히틀러는 대중들이 운집한 뮌헨의 최대 호프브로이하우스에서 나치 첫 집회를 갖는다.

여러분이 바로 나이고, 내가 곧 여러분입니다. 우리가 모두 독일입니다. 위대한 조국을 위해, 우리의 등에 칼을 꽂은 유대인을 척결합시다.

1919년 9월 아돌프 히틀러(1889~1945)가 처음으로 대중 앞에 섰다. 장소는 뮌헨의 맥줏집 '호프브로이하우스'. 쇳소리가 섞인 독특한 음성만큼이나 그의 연설은 특이했다. 연단의 연사가 아니라 무대 위 배우 같았다. 주먹을 불끈 쥐고 분노를 쏟아내는가 하면 갑자기 호탕하게 웃음을 터뜨렸다. 두꺼비처럼 웅크리고, 토끼처럼 깡충거리고, 사자처럼 온몸으로 포효했다. 수천 명의 군중은 히틀러의 연설에 흥분해 맥주잔으로 탁자를 두드리고 땅이 꺼지라고 발을 굴렀다. 오스트리아 출신 촌뜨기 퇴역 하사가 일약 '아이돌 정치인'이 되는 순간이었다.

히틀러에 대한 대중의 열광적인 호응에는 무엇보다 맥주의 힘이 컸다. 독일 정부가 옥외 집회와 시위를 금지한 '사회주의법령'을 폐지하자 히틀러는 기다렸다는 듯이 맥줏집을 집회 장소로 이용했다. 독일 노동자당 본부를 맥줏집 지하실에 차렸으며, 이후 창당한 국가사회주의노동당(일명 나치당)의 행사와 집회도 수천 명이 입장할 수 있는 뮌헨의 대형 맥줏집을 돌며 개최했다.[18]

> 좋은 맥주는 계급 간의 모든 차이를 없애준다.
>
> 블라디미르 레닌(1870~1924)

선전선동전략

히틀러는 연설에 있어서 가히 천부적인 재능을 발휘했다. 그는 간단명료한 연설의 달인이었다. 그의 연설을 살펴보면 한 가지 특징이 두드러진다. 연설의 시작 부분은 청중이 조용해질 때까지 차분하게 시작하여 긴장감을 불어넣어 준다. 후반부 절정에 이를 때는 특유의 억양으로 큰 소리로 연설했다.

이런 식으로 히틀러는 깊은 인상을 주며 청중을 매료시키는 데 성공할 수 있었다.

그는 카이사르처럼 극적이고 화려한 효과를 위해 비행기를 이용하여 독일 곳곳에 다니며 이른바 '독일 비행'을 시작하며 큰 화젯거리가 된다. 민중들은 그를 마치 하늘에서 내려온 구원자로 여기게 되었고, 단기간 많은 지역을 방문했으며 매우 효과적인 선동전략이었다. 군중심리를 이용한 웅변술(집단 최면, 스포트라이트 등)을 적절히 이용하여 대중 집회를 자주 열었다.

사이비 종교집단의 공개 대중 집회

대의를 강하게 주장하는 집단이나 사이비 종교집단은 선전, 선동에 남다르다. 그리고 이런 단체들은 대규모 공개 집회에 의존하기도 한다. 역사적으로 교활한 통치자들은 이런 것들을 아주 잘 활용했다.

군중 속의 사람들은 남의 영향을 아주 쉽게 받는다. 짧고 간단한 구호를 계속 반복함으로써 슬로건을 만들고, 지극히 터무니없고 비이성적인 생각을 집어삼키게 만들 수 있다. 군중 속에 있으면 사람들은 개인적으로는 아무 책임도 지지 않는다고 느낄 수 있고, 그래서 폭력으로 이어지기도 한다. 사람들은 자신을 초월했다고, 나는 미약하지 않다고 느끼지만 이런 것은 환영에 불과하다. 오히려 사람들은 자신의 의지와 개별 목소리를 상실함으로써 실제로 더 작아진다.

다음은 대중의 추종을 불러일으키는 전략이다.

대중의 숭배와 같은 추종을 불러일으키는 5단계 전략[19]

· 1단계 : 모호하고 단순하게 표현하라.
· 2단계 : 지적인 요소 대신 시각적, 감각적인 요소를 강조하라.
· 3단계 : 조직화된 종교의 형태를 빌려와 체계를 갖춰라.
· 4단계 : 수입의 원천을 감춰라.
· 5단계 : '우리 대 저들'의 대립 구도를 만들어라.

비좁고 밀폐된 공간을 선택하라

대의를 강하게 주장하는 집단이나 사이비 종교집단은 장소도 중요하게 생각한다. 그들은 대중이 모이는 장소를 중요시한다. 그들은 공간은 되도록 예상 인원보다 작은 공간을 택한다. 시계는 가장 작은 것으로 뒤에 배치한다. 개인 간격은 최대한 밀착시키고, 좌석에 등급을 매기지 말게 한다. 그리고

1940년 2월 24일 독일 뮌헨의 유서 깊은 맥줏집 호프브로이하우스에서 연설하는 히틀러의 모습. 히틀러는 맥줏집에서 맥주를 마시며 맥주를 마시는 대중을 설득했다. 히틀러는 1920년 이 맥줏집에서 나치당 창당을 선언했다.

사진 제공: AP=연합뉴스

단 한 사람만 부각 되도록 순서를 계획한다.

가장 극적인 시간에 주인공이 등장할 수 있도록 한다. 대통령선거 유세전을 살펴보라. 언제, 어디서, 어떻게 후보가 등장하는지. 정치인들은 대중을 그렇게 선동한다.

왜 수문 앞 광장에 모였는가? – 에스라 성경 낭독과 대 각성

기원전 446년 페르시아 왕 아닥사스다 1세는 탁월한 유대인 참모 느헤미야를 절대 신임한다. 그리고 그가 자신의 고국으로 돌아가 지역을 재건하고자 하는 계획을 흔쾌히 허락하고 건축 재료와 군대를 함께 보낸다.

그러나 예루살렘의 상황은 생각보다 더 심각하였다. 종교적 정통성은 다 사라졌고, 이방인과 잡혼이 성행했다. 예루살렘 성 내부는 불타고 짐승들이나 다니는 폐허 상태였다. 느헤미야서는 이를 극복하고 52일 만에 성벽을 재건하는 내용이다.

예루살렘의 재건이 마무리되고, 유대인의 3대 절기인 '대속죄일(칠칠절)'이 돌아온다. '나팔절'(7월 1일)은 대속죄일(7월 10일)을 준비하는 절기로, 백성들이 자신과 민족의 죄를 자복하며 근신하는 기간이다. 이스라엘 백성들은 수문 앞 광장에 모였다. 이곳은 말 그대로 물을 길어 나르는 통로였는데, 과거에는 이곳에서 재판과 공회가 열리던 성읍의 중심지였다. 30세 이상

남자들이 모였다.

그리고 제사장이며, 율법학자인 에스라가 등장한다. 그는 근엄하게 히브리어로 율법(성경)을 낭독한다. 약 4시간 이상을 낭독하는 동안 아무도 자리를 뜨지 못한다. 나무 강단에는 율법의 최고 권위자가 있고 좌우에는 각각 7명의 유력자들이 에스라 뒤에서 경청하고 있었다.

시간과 공간을 주도하라!

느헤미야는 왜 하필 성벽이 완공되자마자 대집회를 기획하였을까? 그 이유는 느헤미야 6장 마지막 부분에 기록되어 있다. 지방 호족, 산발랏과 도비야 등의 방해와 위협이 있었다. 또 귀족들은 배반과 정략결혼을 통해 세를 불리고 있었다.

이 위기를 이겨낼 강력한 계기가 필요했다. 각각, 자기 집 앞편을 밤낮으로 경계하며, 공사를 마무리하는 순간이었다. 그리고 약 열흘 후에는 초막절이다. 전 병력이 공사와 경계를 멈춰야 한다. 나뭇가지로 만든 초막에 들어가 일주일을 지내는 유대 전통 절기이다. 숨 가쁘게 달려온 성벽 재건이 자칫 잘못하면, 유대 종교의식으로 추진 동력도 잃고, 적에게 무방비하게 허점을 노출하는 상황으로 전개될 것이다.

느헤미야는 이때 필요한 모든 아이디어를 모은다. 우선 초막절이 시작하기 전 백성들의 마음에 의심과 공포가 없어야 했다. 느헤미야는 백성들의 마음을 한곳에 모으고 단합하는 매개체가 필요했다. 이것을 위해 대각성 집회를 계획한다.

첫째, 시기로는 외부의 강력한 공포를 제거하고 내적 결속을 위한 '나팔절'을 택한다. 자기 자신을 돌아보며 회개하는 절기를 활용한다. 종교공동체 의식을 통해 단결시킨다.

둘째, 강력한 권위와 스포트라이트 전략을 쓴다. 에스라는 성경의 권위를 지키는 유일무이한 리더이자 종교 지도자이다. 무대 중앙에 나무 강단을 만들고 에스라가 등장한다. 좌우에는 유력자와 종교 지도자들이 에스라를 호위하고 배석했다.

셋째, 모호함이다. 당시 일반인들은 시리아 방언 '아람'어를 사용하였고, 율법학자 에스라는 히브리어로 율법책을 낭독했다. 알아듣지도 못하면서 분위기에 휩쓸려 '아멘', '아멘'으로 절하며 집회는 계속된다.

넷째, 특정 권위에 의존하게 만든다. 알아듣지 못하는 성경 낭독이 끝나자 레위인들(제사를 준비하고 집례하는 엘리트 집단, 씨족)은 율법의 뜻을 아람어로 해석해 개개인에게 알려준다.

마지막으로, 공간의 위협성이다. 이곳 수문 광장은 과거 공회(국회)가 모였고 재판이 진행되었던 곳이다. 이곳에서 거짓을 말하거나 반대의견을 개진하면, 또는 중간에 나가 버리면 그 사람은 아마 파문(破門)을 당할 것이다.

이 시간과 공간의 미학(美學)을 통해서 느헤미야는 위기를 극복하고 성벽 재건을 마무리하는 동력을 되찾는다.

로버트 그린의 《유혹의 법칙》에 나오는, 유혹자가 관계 전략을 실행하기 좋은 상황 7가지이다.

1. 축제의 시간을 활용하라
2. 매 순간을 드라마처럼 연출하라
3. 유쾌한 시각 언어를 사용하라
4. 붐비거나 비좁은 공간을 이용하라
5. 신비한 분위기를 연출하라
6. 시간의 흐름을 잊게 만들어라
7. 잊지 못할 순간을 제공하라

대중을 설득하기 위한 기획을 하려고 한다면 시간과 공간을 선점하고, 누구도 그 권위에 도전할 수 없도록 공간 배치를 적절히 고려하라.

《도시는 무엇으로 사는가?》 등의 베스트셀러 작가이자 건

축가 유현준은 교회 건축의 구조를 분석하는 자리에서 이렇게 말한다.

예배당에 들어가면 누구도 손들고 반대의견을 말할 수 없는 분위기이며, 주목하고 들어야 한다. 그리고 내가 중간에 나가고 싶어도 사람들의 이목 때문에 쉽게 나갈 수 없는 구조이다.

10. 신비스러움을 끝까지 지키라!
– 마타하리, 모세의 안개, 구름

사람들이 신비에 매혹되는 것은, 신비에는 끊임없는 해석이 뒤따르며 절대 물리지 않기 때문이다. 신비로움은 불가해하다. 그리고 불가해한 것, 이해할 수 없는 것은 권력을 창출한다.[20]

인도에서 온 무희 마타하리

1905년 초, 동양에서 온 한 무희에 대한 소문이 파리에 퍼지기 시작했다. 무희는 춤을 추면서 몸에 두르고 있던 여러 겹의 베일을 차례로 한 겹씩 벗는다고 했다. 그녀의 춤을 목격한 한 기자는 "극동 출신의 여인이 향수와 보석을 가득 안고 유럽으로 와서 무료함으로 가득한 유럽의 도시에 풍부한 동양의 색채와 삶을 도입했다"라고 보도했다. 그녀의 이름은 마타하리(Mata Hari)였다.

대중들은 그녀에 대해 더 많이 알고 싶어 했다. 그녀는 기자들에게 자신은 사실 네덜란드 출신인데 인도 자바에서 자랐다고 말했다. 그리고 인도에서 보낸 시간과 그곳에서 성스러운 힌두 춤을 배우게 된 과정을 설명하고, 인도 여성들은 총도 쏘고 말도 탈 수 있으며 대수학을 하고 철학을 주제로 토론한다고 말했다. 그해 여름 마타하리의 춤을 실제로 본 사람은 극소수에 불과했지만, 그녀의 이름은 모든 사람의 입에 오르내렸다.

1905년 8월, 마타하리는 처음으로 대중 앞에서 공연했다. 개막식 밤에는 그녀를 보기 위해 몰려든 군중들 사이에서 폭동이 일어나기도 했다. 이제 그녀는 숭배의 대상이 되었고, 많은 이들이 그녀를 모방했다. 이후 몇 년 동안 유럽 전역에서 공연하며 최상류층 사람들과 어울리고 막대한 수입을 올렸다.

그러던 중 1차 세계대전이 끝나갈 무렵 그녀는 프랑스에서 독일 스파이로 체포되었다. 재판정에서 그녀의 진실이 밝혀졌다. 마타하리는 인도 출신도, 자바 출신도 아니었고, 동양에서 자란 적도 없었다. 그녀의 본명은 마르가레타 첼레였으며, 네덜란드 프리슬란트주 북부에서 태어났다.

무일푼의 나이트클럽 무희

마타하리의 동양적 신비로움에 서양 사람들이 빠져들었다. 마타하리가 파리로 간 것은 파리에 있는 뮤직홀 겸 버라이어티쇼 극장의 배우로 일하기 위해서였다. 그녀는 춤을 춰본 적도 없었고 극장에서 공연해 본 적도 없었다. 어릴 때 가족과 함께 여행하면서 자바와 수마트라에서 현지 춤을 본 것이 전부였다. 하지만 그녀는 춤이나 얼굴, 외모 따위가 아니라 신비감이 중요하다는 것을 분명하게 이해하고 있었다.

그녀의 신비로운 분위기는 그녀의 춤뿐만 아니라 그녀의 의상과 그녀가 들려주는 이야기, 혹은 자신의 과거에 대한 끊임없는 거짓말에까지 영향을 미쳤다. 그녀는 늘 변화했고 새로운 의상과 새로운 춤, 새로운 이야기로 관객을 매료시켰다.21) 외모나 춤이 특별히 뛰어난 것도 아니었다. 그런 그녀가 자기만의 차별화된 매력으로 대중의 시선을 끌 수 있었던 것은 바로 신비감 때문이었다.

사람들이 신비에 매혹되는 것은, 신비에는 끊임없는 해석이 뒤따르며 절대 물리지 않기 때문이다. 신비로움은 불가해하다. 그리고 불가해한 것, 즉 이해할 수 없는 것은 권력을 창출한다.

모세와 안개, 구름

홍해를 가른 기적은 모세의 기적의 끝이 아니었다. 이집트의 파라오 왕 밑에서 이스라엘 사람들에게 신기루는 보이지 않았고, 계속되는 고난의 연속이었다. 우선 물이 부족했고, 식량이 절대적으로 부족했다. 백성들의 불만과 반란을 잠재우기 위해 강력한 법체계가 필요했다. 곧 성문화된 율법의 필요성을 느꼈다. 그리고 그 율법이 모세 개인의 집권과 권력 강화를 꾀하는 것이라기보다는 종교적, 민족적 동질성과 신으로부터 내려받은 절대적인 신탁적 법률이 필요했다. 이것이 바로 '십계명'이다.

모세는 하나님으로부터 신탁받은 강력한 통치 상징이 필요했다. 지금으로 말하면 옥새와 같은 표징의 정당성이다. 그는 친형 아론과 제사장 70명을 이끌고 '거룩한 산' 시내 산에 오른다. 마침 날은 흐리고 천둥과 번개가 치고 앞은 구름으로 빽빽이 차 있다(출애굽기 19:16). 산에는 안개가 자욱하게 피어오르는데 성경에는 이렇게 기록되어 있다.

여호와께서 불 가운데 거기 강림하심이라 그 연기가 옹기 가마 연기 같이 타오르고 온 산이 크게 진동하며, 나팔 소리가 점점 커지며 하나님께서 모세를 불렀다(출애굽기 19:18, 19).

모세는 홀로 하나님을 만나러 올라간다. 나머지 아론과 제사장은 산 주위에 경계를 세우고, 절대 경계를 넘지 못하도록 경고한다. 이로써 유일한 신탁의 주인공은 모세라는 것을 더욱더 강조한다.

모세는 시내 산에 올라가서 40일을 머문다. 금세 돌아올 것 같은 모세가 돌아오지 않자 백성들은 다시 반역과 반란의 기미를 보이기 시작했다. 이에 모세의 형 아론은 모세를 대처할 또 다른 상징(Idol)이 필요했다. 아론은 성급한 백성들을 진정시키고 반란을 진압하기 위해 황금 송아지를 만들고, 이것이 하나님의 현현이라고 공표한다. 이제 모세는 구름 속으로 하나님과 함께 숨어버렸고, 백성들은 불안과 공포에 빠져 우상을 만들었다. 선과 악이 극명하게 대립한다. 이를 통해 모세는 유일하게 하나님을 대면하고 그로부터 위임받은 지도자라는 당위성을 확고히 한다.

이때 사용하는 매개가 바로 구름과 안개이다. 구름은 하늘로부터 내려와서 하늘을 가리고 사람의 눈을 가린다. 구름과 안개는 신비감을 유발하고, 심지어 엄숙한 분위기까지 들게 한다. 안개 속으로 들어가는 모세는 유일무이한 하나님의 사자(使者)임을 보여주며 권력을 확고히 한다. 심지어 모세는 마지막 죽음의 순간에도 시신도 무덤도 없이 홀연히 사라진다.

심리 용어로 읽는 바이블텔링

1. "거봐! 넌 원래 나쁜 인간이야" – 가스라이팅(욥)

2. 짬뽕을 시키면 왜 짜장면이 맛있어 보일까? – 라캉의 감춰진 욕망(사울)

3. 의리냐 실리냐? – 죄수의 딜레마(다윗)

4. 왜 아빠는 싫고 엄마는 좋을까? – 오이디푸스 콤플렉스(아도니야)

5. "이도 저도 싫다! 제발 날 가만히 놔둬" – 번아웃 증후군(엘리야)

6. 잘한다 잘한다 하면 진짜 잘한다 – 피그말리온 효과(사무엘)

7. "세상에 내 편은 하나도 없어" – 조울증(사울)

8. "세상은 나를 위해 움직인다" – 자기애성 성격장애(야곱)

9. "어디 한번 맛 좀 봐라" – 충동조절 장애(가인)

1. 거봐 넌 원래 나쁜 인간이야!

– 가스라이팅(Gas Lighting)

가스라이팅은 착취적 관계에서 벌어지는 정서적 학대를 말한다. 어떤 한 사람의 생각, 기억, 사건들에 대해 "내가 생각하는 게 맞나?"라고 스스로 질문하도록 그 사람을 몰아간다. 가스라이팅의 희생자는 나중에 자신이 제정신이 아닐지도 모른다고 생각하는 지경까지 이른다.

가스라이팅이라는 단어는 'Gaslighting'(가스등)라는 연극과 이후 이 연극을 바탕으로 한 영화에서 시작되었다. 연극보다는 영화가 유명한데, 남자 주인공(찰스 보이어, 그레고리 역)은 여자 주인공(잉그리드 버그만, 폴라 역)과 결혼한 사이로, 자신의 목적을 달성하기 위해 부인을 미친 사람으로 몰고 간다.

부인은 남편에게 밤마다 어디선가 발걸음 소리가 들리고, 방에 켜놓은 가스등이 매일 밤 점점 희미해지는 것 같다고 말하지만, 남편은 오히려 부인이 이상해져 가는 것이라고 몰아간다. 부인은 외출을 못 하는 상태였기 때문에 유일하게 남편의 말과 생각에 의존하게 된다. 결국, 자신이 듣고 보는 것을 부정하게 되고, 자신감을 잃어가고, 자신을 의심하게 된다.

가스라이팅은 의도적이건 아니건 '타인의 생각과 느낌을 교묘히 조작'하는 것이다. 주로 친밀한 관계에서 종종 나타나며, 대표적으로 직장 상사, 친구들, 심지어 부모로부터 가스라이팅을 당하는 사람들도 있다. 그러나 그중에서 가장 파괴적인 경우는 연인 사이에서의 가스라이팅이다.[22]

욥과 그의 친구들

기원전 2천 년경, 중동의 대부호 욥이 살고 있었다. 그는 자녀가 10명이고, 끝없이 펼쳐진 초원에는 그의 양과 낙타, 소와 나귀가 즐비하게 있었으며, 종들도 수없이 많았다. 그는 늘 하나님께 범죄하지 않으려고 매일 제사 드리고, 자기를 점검했다.

어느 날, 하늘에서는 하나님과 사탄의 설전이 벌어진다. 사탄은 이렇게 말한다.

"설마, 욥이 아무 이유 없이 하나님을 경외하겠습니까? 재산을 많이 주셨기 때문입니다. 하나님이 주신 그 소유를 다 빼앗아 버리면 틀림없이 하나님 당신을 욕하고 저주할 것입니다."

사탄은 욥을 시험하고 오겠다고 제안한다. 하나님은 허락한다. 그러나 그의 몸에는 저주를 가하거나 상하게 하지 말라고 당부한다. 사탄은 욥의 나귀와 소들을 다 죽이고 심지어 욥의 자녀와 종들도 다 죽였다. 그러나 욥은 가슴을 찢으며 이렇게 말한다.

"빈손으로 왔다가 또 빈손으로 돌아가며, 주신 이도 여호와요 거두시는 이도 여호와입니다. 나는 그래도 하나님을 찬송합니다."

이 광경을 본 사탄은 욥의 고백에 놀라고 만다. 그러나 사탄은 포기하지 않고 이번에는 욥에게 직접 질병의 고통을 주면 그가 하나님을 배신할 것이라고 주장한다. 하나님은 다시 사탄의 요구를 들어준다.

욥은 머리끝에서 발끝까지 나병(한센병)이 발한다. 이제 그의 아내는 남편을 저주하기에 이른다.

"하나님을 욕하고 죽어버리라!"

욥의 친구들 셋이 욥을 위로하러 찾아온다. 욥의 처참한 몰골을 본 친구들은 일주일 동안 아무 말을 할 수가 없었다. 하지만 아무리 생각해도 하나님이 이런 저주를 내린다는 것은 이해할 수 없었다. 우선 참을성이 없는 엘리바스는 이렇게 말한다.

"잘 생각해 보아라. 죄 없는 사람이 망한 일이 있더냐? 정직한 사람이 멸망한 일이 있더냐?"

욥은 항변한다.

"옳은 말이 어찌 이렇게 고통스러운가? 지금 나의 고통은 결코 나의 죄의 문제가 아니다."

친구들은 욥의 말을 믿지 못한다. 분명 욥의 범죄 때문이라고 생각한다.

두 번째 친구 빌닷이 다시 욥에게 묻는다.

"너는, 하나님이 심판을 잘못하신다고 생각하느냐? 전능하신 분께서 정의를 거짓으로 판단하신다고 생각하느냐? 네 자식들이 하나님께 범죄하였으니 벌하시는 것은 당연한 일이 아니냐?"라고 묻는다.

결국, 욥은 이렇게 한탄한다.

"내 유일한 희망은 죽은 자들의 세계로 가는 것이다. 거기 어둠 속에 잠자리를 펴고 눕는 것뿐이다"(욥기 17:13, 새번역).

약한 그곳을 파고드는 가스라이팅

욥을 가스라이팅 한 욥의 친구들은 욥의 연약한 부분, 취약한 부분을 공략한다. 도덕, 가족, 신앙까지 포함하여. 그러면서 자신의 생각, 판단, 기억을 의심하게 만든다. 피해자는 결국 "내가 미친 건 아닌가?" 하는 생각을 하게 된다. 욥도 결국 죽고 싶다고 절규한다.

가스라이팅의 예시들

1. 당신의 느낌을 받아들여 주지 않는다.

   "그렇게 생각하다니… 너 이제 진짜 후회하게 될걸."

2. 당신이 없는 자리에서 사람들이 당신을 험담한다고 믿도록 한다.

   "몰랐어? 온 가족들이 네 이야기 하잖아. 너 더 있으면 이상해질 거라는데?"

3. 이야기해 놓고서 나중에 하지 않았다고 잡아뗀다.

   "내가 언제 은행에 돈 예금해 놓는다고 했어?

4. 당신 모르게 물건을 여기저기 숨겨두고 모른 척한다.

   "정말 선글라스를 어디 뒀는지 모르겠다고? 그 쉬운 걸 못 찾다니…."

5. 사실이 아닌데도 당신이 어떤 장소에 갔던 것, 혹은 가지 않았던 것을 부정한다.

"너 미쳤구나, 넌 나랑 그 영화를 보러 간 적 없어. 내가 더 잘 알지."

가스라이팅의 징후들(자가 진단 체크리스트)

1. 자주 사과한다.

2. 더 이상 예전의 내가 아닌 것 같다.

3. 내가 요즘 너무 예민한가 걱정된다.

4. 내가 하는 모든 것이 잘못되어가고 있는 느낌이다.

5. 뭔가 일이 잘못되었을 때 항상 내 잘못이라고 생각한다.

6. 잘못된 것 같은 느낌이지만, 콕 집어서 뭐라고 표현할 수는 없다.

7. 종종 연인에 대한 나의 반응이 적절한지 모르겠다.

   (예. 너무 벽을 치나? 경계를 더 허물어야 하나? 표현을 잘못하나?)

8. 연인의 잘못된 행동에 대해 내가 사과한다.

   (늦잠 자서 지각한 연인에게, 자신이 미리 전화해서 깨웠어야 한다고 사과한다거나)

9. 연인에 대한 잔소리를 듣기 싫어서 친구나 가족에게 연인에 대해 이야기를 하지 않는다.

10. 친구나 가족으로부터 소외된 느낌을 받는다.

11. 한때 즐겨 하던 취미나 활동들이 더 이상 재미가 없고, 희망도 없다.

12. 스스로 어떤 결정을 내리는 게 점점 어려워진다.[23]

2. 짬뽕을 시키면 왜 짜장면이 맛있어 보일까?
- 라캉의 감춰진 욕망(사울)

도둑맞은 편지, 들켜버린 욕망

미국 추리소설의 시조 에드거 앨런 포의 《도둑맞은 편지》는 단순한 편지 한 장을 찾기 위한 사립 탐정 뤼팽의 추적을 그린 작품이다.

어느 날 왕비의 내실에 왕이 들어왔다. 그런데 누구도 보지 말아야 할 비밀 편지를 서랍에 넣지 못하고 테이블 위에 펼쳐진 채 올려놓았다. 마침 왕과 함께 있던 D 장관은 지나가다 펼쳐진 편지의 수신자를 읽고 뭔가 수상쩍은 느낌을 받는다. 왜냐하면, 왕비는 몹시 불안해하는 기색이 역력하고 편지에 이목이 쏠려 있으며, 왕의 눈치를 살피고 있다. D 장관은 그 편지가 아마도 왕비의 은밀한 비밀을 담은 편지일 것으로 판단한다. 소설에서는 결국 편지의 송신자나 내용은 밝혀지지 않는다.

D 장관은 왕비의 편지를 태연하게 집어 들고 간다. 그리고 자신의 저택에 숨겨놓는다. 왕비는 이제 안절부절못하고 도둑맞은 편지를 찾으려고 수소문한다. 총경에게 비밀리에 부탁하여 장관의 저택을 6개월간 몰래 수색하였으나 편지는 나오지 않는다. 결국, 총경은 사립 탐정 뤼팽의 명성을 듣고 부탁한다. 그리고 뤼팽은 너무나 손쉽게 벽난로 위에 있는 '도둑맞은 편지'를 찾아 왕비에게 돌려준다.

사실, 이 소설의 주제는 한마디로 '등잔 밑이 어둡다'이다. 우리의 생각과 사상은 좀처럼 고정관념을 벗어나지 못한다. 그러나 탐정 뤼팽은 범인의 역설적인 심리를 파악하여 쉽게 사건을 쉽게 해결한다.

타인에 의해 규정된 인간

정신분석학자 자크 라캉은 우리는 사회적 관계망에 의해서 구조화되어 있다고 주장한다. 왕은 절대 권위자이다. 왕비, 장관은 직책을 규정하고, 또 그들은 거기에 걸맞은 삶을 강요받는다. 그런데 이 추리소설을 정신분석의 관점에서 분석한 라캉은 이 도둑맞은 편지(Letter)를 이른바 누구에게도 들키지 말아야 하는 자신의 욕망(Libido)으로 규정한다. 왕비는 왕의 절대적인 질서를 지키는 의무에 순종하며, 자신의 사회적 지위와 권위를 누린다. 반대로 자신의 본질적 본능과 결핍, 불만을 감수해야 한다.

　왕비는 좋으나 싫으나 지정된 자기 자리를 지켜야 한다. 불만, 결핍, 자리매김을 스스로 받아들이지 않으면 인정받지 못한다. 우리의 삶도 그렇게 규정된다. 내 본질적 욕구는 감춰진 채로 타인에 의해 규정된 자리에서, 그리고 타인이 필요로 하고 원하는 자리를 차지하기 위해 자신의 욕망을 감춘다. 반대로, 왕비처럼 이를 D 장관에게 들켜버리면 그때부터는 사회적 자리매김의 전복이 일어난다. 장관은 약점을 파고들어 왕비를 농락하고 자신의 입지를 공고히 한다.

　라캉에 의하면, 왕비는 자리를 받아들이므로 인정받는 주체(Subject)가 된다. 그러나 자신의 욕구는 억압되고 결핍된다. 욕망의 대상의 사회적 자리로 치환된다. 이를 욕망의 '환위 현상'(Displacement phenomenon)이라고 한다. 우리는 그래서 자신의 욕망이 바로 사회적으로 규정된 욕망으로 동일시한다. 이는

'상상적 동일시'이며, "나는 그것을 원했다"라고 자기 스스로 환위한다. 엄친아, 좋은 대학 입학, 착한 며느리 등 타자에 의해 지정된 자리를 차지하려고 노력하고 욕망한다. 이를 '상상계'라고 하며, 정작 상상적인 자기 모습에 도달하면 다시 욕망의(Libido)의 결핍이 온다. 그래서 나의 욕망은 타자가 지정한다. 그리고 지금 나의 욕구와 노력은 타자의 욕망에 지배된 무의식의 결과물이다.

> 나는 존재하지 않는 곳에서 생각하고, 생각하지 않는 곳에서 존재한다.
>
> 자크 라캉

타인의 욕망을 욕망하다 들통난 '사울'

과거에는 종교와 정치가 하나였다. 지금은 종교와 정치가 분리되는 것이 대세다. 이스라엘은 한 지도자가 종교와 정치를 모두 담당하고 있었으나, 이스라엘 주변에는 제정분리(祭政分離) 국가가 등장하기 시작했다. 이스라엘의 마지막 사사(士師, Judge) 사무엘은 군주를 옹립하는 것을 반대한다. 그러나 백성들의 원성이 계속해서 높아짐에 따라 결국 자신의 정치적 권

력을 이스라엘의 초대 왕 사울(재위 BC 1,030~1,010)에게 이양한
다.

사무엘은 용모가 빼어나고 용맹한 사울을 후계자로 임명
한다. 그런데 사울은 내심 정치뿐만 아니라 종교 지도자의 역
할도 함께 하고 싶어 했다. 사실 그는 왕으로 인정받기 전 하
나님의 말씀을 예언하기 시작했다. 그리고 그의 능력이 그 지
역의 관용적 속담이 되었다.

사울도 선지자가 아니더냐?(사무엘상 10:10)

이제 사울은 사무엘에 의해서 미스바에서 공식적으로 왕으
로 취임한다. 그 후 사울은 연전연승하고, 이스라엘은 강력한
군사 체계를 갖춘다. 암몬, 블레셋, 아말렉 등 주변국들과의
전쟁에서 대승을 거둔다. 그런데 여기서 사울의 '도둑맞은 편
지' 즉, 숨겨진 욕망(Libido)이 들통난다.

첫 번째, 암몬과의 전쟁에서 승리한 사울은 다시 블레셋과
전쟁에 나선다. 그러나 이번에는 만만치 않다. 블레셋의 군사
력과 무기 체계는 이스라엘을 압도하고 있었다. 이스라엘 군
사들은 굴과 수풀, 바위틈에 숨어버렸고, 전쟁의 승리를 기원
해 줘야 할 사무엘의 도착은 지연되고 있었다.

이제 종교적 결속을 노렸던 사울은 진퇴양난에 빠진다. 제사를 집례할 선지자 겸 제사장 사무엘은 오지 않고, 군사들은 도망가고 있다. 결국, 사울은 자신이 번제를 드린다. 제사가 끝나자 곧장 사무엘이 등장한다. 그리고 망령된 일이라며, 하나님이 사울을 폐위시키고 다른 사람을 왕으로 세울 것이라고 경고하고 떠난다.

사무엘은 처음부터 사울이 왕이 되는 것이 탐탁지 않았다. 세상에 누가 자신의 권력을 나누겠는가? 본심을 들킨 사울에게 무서운 하나님의 진노가 있을 것이라고 예언했다. 사무엘은 그의 숨겨진 욕망을 계속해서 공략한다.

사무엘은 사울의 종교적 욕망을 계속해서 시험한다. 사울의 입장에서 수만 명의 블레셋 군대와 마병, 아군 병사들의 전장 이탈을 그대로 둘 순 없었다. 종교적인 부분에서는 자신도 일정 부분 신탁(神託)을 받았다고 믿고 있었다. 결국, 사울은 본인이 제사를 직접 집례하는 범죄를 저지른다. 그리고 이후 아말렉과의 전쟁에서 전리품을 감춘 혐의로 사무엘에게 버림받는다.

라캉의 정신분석으로 본 사울

사울은 용맹함과 종교적 카리스마를 모두 갖춘 탁월한 지도자였다. 반대로 사무엘은 종교 후계자를 양성하지 못했다. 그리고 은퇴를 선언한다. 사무엘의 아들들도 선지자나 제사장으로 자격 미달이었다. 당연히 권력은 사울에게 집중된다. 사무엘은 사울을 견제하기 시작한다. 그리고 결국, 어리디어리고 힘없는 다윗을 내정해 놓고 사울을 폄훼하기에 이른다.

사울의 실책은 바로 여기에 있다. 사울 내면의 욕망, 선지자, 제사장, 종교 지도자의 욕심을 포기했어야 했다. 즉, 왕의 자리에 만족하고 내면의 결핍을 감수해야 했다. 그러나 사울은 그 부분에서 서툴렀다. 의도를 노출하고 만다. 그리고 노쇠한 사무엘을 정치적 위협으로 생각하지 못했다. 사무엘은 그 틈을 비집고 들어가 사울을 역공한다. 결국, 사울은 가장 불행한 최후를 맞이한 왕으로 이스라엘 역사에 남는다.

'도둑맞은 편지'에서 왕비는 뤼팽의 도움으로 편지를 되찾는다. 그리고 사회적 지위와 자리매김을 지켜나간다. 반대로 사울은 '도둑맞은 편지'를 사무엘에게 빼앗기고 만다. 그리고 왕비처럼 찾아오지도 못하고 사무엘에게 지배당한다. 마치 왕비가 D 장관에게 농락당한 것처럼... 자신의 사회적 자리매김인 '왕'의 자리도 유명무실해지고, 평생 다윗이라는 이스라엘 최고 성군(聖君)의 그늘에서 비참한 죽음을 맞이한다.

짜장면을 시키면 짬뽕이 맛있어 보인다. 왜일까? 짜장면은 이미 내 차지다. 하지만 얼큰하고 진한 국물을 먹고 싶은 내 안의 또 다른 욕망이 안에서 꿈틀거리기 때문이다. 그런데 친구가 맛있게 먹고 있다.

적(敵)의 욕망과 욕구를 자세히 관찰하라! 그리고 그의 욕망과 전혀 상반된 도덕, 법률, 책임, 명분, 사회적 지위라는 개념으로 압박하라. 이제 주도권은 당신에게 있다!

3. 의리냐 실리냐?
- 죄수의 딜레마, 다윗

죄수의 딜레마

두 명의 범죄 조직원이 체포되었다. 이 범죄자들은 각각 독방에 수감되었다. 경찰로서는 두 명의 공범을 기소하기 위한 증거가 부족한 상황이다. 이러한 상황에서 경찰은 이들에게 자백을 받아 범죄를 입증할 계획을 세우고 각 범죄자를 대상으로 신문을 한다.

이때 경찰은 두 공범에게 동일한 제안을 한다. 다른 한 명의 공범에 대해 자백을 하면 자백한 그 사람은 석방되는 반면, 다른 공범은 징역 3년을 받게 된다는 것이다. 이는 상대편 공범이 자백하는 경우에도 마찬가지이다. 즉, 누구든 자백을 하면 자백을 한 그 사람은 석방되지만, 상대편 공범은 3년의 징역을 받는다. 그러나 두 공범이 모두 자백하면 각각 징역 2

년을 받으며, 둘 다 자백하지 않고 묵비권을 행사하면 각각 징역 6개월을 받게 된다.

죄수의 딜레마 상황

구분	공범 B: 묵비권(협조)	공범 B: 자백(배신)
공범A: 묵비권(협조)	공범A/B: 징역 6개월 선고	공범A: 징역 3년 선고 공범B: 석방
공범A: 자백(배신)	공범A: 석방 공범B: 징역 3년 선고	공범A/B: 징역 2년 선고

다윗의 망명 (사무엘상 28장)

다윗은 유대 베들레헴 이새의 아들이자 양치기 소년이다. 그는 하프 연주의 명수다. 다윗은 악령에게 괴롭힘을 당한 사울왕을 위로하기 위해서 궁정으로 나갔다. 한편, 전장에서는 블레셋 용사 골리앗을 쓰러뜨리고 사울의 신임을 받는다. 사울은 그를 사위로 맞이하고 군대 장관으로 삼는다.

그런데 자꾸 마을 소동들의 노랫가락이 사울의 귀를 거슬리게 한다.

"사울은 천천이요, 다윗은 만만이라!"

성공을 시샘한 사울은 틈만 나면 사위 다윗을 죽이려 든다. 다윗의 선택은 적국으로 망명이다. 그가 장인어른 사울 왕에게 쫓기며 울부짖었던 시가 바로 그 유명한 '시편'이다.

> 만일 내게 비둘기같이 날개가 있다면 날아가서 편히 쉬리로다 내가 멀리 날아가서 광야에 머무르리로다 내가 나의 피난처로 속히 가서 폭풍과 광풍을 피하리라(시편 55:6-8).

다윗은 유대의 광야에 몸을 숨기고 사울의 지배에 불만을 품은 사람들을 모았다. 오랫동안 게릴라전으로 대항하였다. 그러나 신변의 위험을 느낀 다윗은 이스라엘의 숙적 블레셋의 도시국가 가드의 왕 아기스(Achish)에게로 망명한다. 아기스는 다윗에게 시글락(네게브에 있었던 유다의 마을)을 주고, 호위대장으로 임명한다. 다윗은 생존을 위해 미친 척하고 침을 흘리며 다녔다. 아기스는 다윗을 신뢰한다.

그러나 가드 왕 아기스가 자신의 과거 원수 다윗을 살려준 이유는 단 한 가지였다. 사울과 대적 관계인 다윗을 통해 이스라엘을 치고, 가나안 지역을 모두 복속하고자 하는 계획이었다. 아기스의 이이제이(以夷制夷) 전략이었다.

다윗은 말 그대로 '죄수의 딜레마'에 빠진다. 자신의 안위를 위해서 내 조국, 하나님의 나라를 배신할 것인가? 아니면 또다시 망명의 길을 택할 것인가? 그런데 다윗은 이 지점에서 남들이 생각하지 못한 탁월한 아이디어를 상상해 낸다.

"어차피 가드 왕 아기스가 나를 이용할 목적이라면, 내가 굳이 내 동족에게 칼을 들 필요가 있겠는가? 아기스의 다른 적을 무찔러 주면, 만족할 것이다"라고 생각했다.

그리고 가드의 적이며 이스라엘의 적인 남쪽 이집트로 가는 길목의 도적 떼 아말렉을 무자비하게 무찌른다. 그리고 그 전리품, 양과 소와 나귀, 낙타와 금은과 의복을 빼앗아 지금까지 자신을 보호해 준 아기스에게 바친다. 아기스는 몹시 기뻐하며 절대적인 신임을 다윗에게 보낸다. 다윗은 위기를 기회로 바꾸며 다시 세를 모은다. '죄수의 딜레마'를 빠져나왔다.

'죄수의 딜레마' 극복 – 수사관의 필요를 채워라!

다윗은 생각의 틀을 뒤집는다. 수사관의 관점에서 생각한다. 이 상황에서는 모든 키를 가진 아기스왕의 관점에서 현실을 파악한다. 그리고 최선의 요구를 들어주는 것은 아니지만, 다윗은 적 아말렉을 과감하게 격파하고 전리품을 아기스에게 바친다. 다윗은 '죄수의 딜레마'를 아기스의 이익의 관점에서 해결했다. 상대의 이익과 필요를 채우라. 분명 출구가 보인다.

다윗의 선택

구분	아기스의 요구 : 적 사울 공격	아기스의 요구 : 적 아말렉 공격
다윗 : 비협조	무장해제, 강제 추방	이스라엘 공격 강요
다윗 : 협조	아기스의 신임, 이스라엘의 원수로 낙인	아기스의 신임

이를 국제관계학 용어로 편승화(Bandwagoning)라 한다. 특히 강대국들 사이에 전쟁이 발발할 때, 약소국은 강대국의 보호 아래 자신의 안보를 담보 받고, 또 전후 전리품을 챙길 수 있다. 다윗은 블레셋과 이스라엘의 전쟁에서 블레셋으로 편승한다.

위의 표를 보게 되면, 다윗이 블레셋 왕 아기스의 요구에 비협조하면 다윗은 강제 추방, 혹은 도망쳐 온 이스라엘을 공격하라는 압박을 받게 된다. 반대로 아기스 왕의 요구를 협조할 방법은 굳이 이스라엘을 공격하지 않고 잔적(아말렉)을 소탕하여 신뢰를 굳건히 하는 것이다. 수사용어로 이를 플리바게닝(plea bargaining)이라고도 한다. 협조한 대가로 감형받는 것을 의미한다.

결국, 정적인 사울과 그의 아들들은 블레셋 왕 아기스 군대의 화살에 죽는다. 다윗은 자기 손에 피 한 방울 묻히지 않고 다시 이스라엘로 복귀하여 왕위를 거머쥔다. 실제로 아기스가 사용한 이이제이(以夷制夷) 전략을 다윗이 역이용하여 자신의 정적을 적이 무찌르게 하고 무혈입성하게 된다.

1/N 회식 때 얼마짜리를 메뉴를 주문하지?

죄수의 딜레마 상황은 일상생활에서도 쉽게 발견할 수 있다. 친구들과 삼삼오오 모여 저녁 식사를 하는 상황을 떠올려 보자. 이때 자기가 주문한 음식의 값을 각자 내기로 할 수도 있고, "다 같이 먹으니까 1/n로 계산하자"라는 제안에 따라 돈을 똑같이 나누어 낼 수도 있다.

글랜스와 허버만(Glance & Huberman, 1994)은 이러한 상황에서 발생할 수 있는 딜레마를 '뻔뻔한 저녁 식사의 딜레마(unscrupulous diner's dilemma)' 또는 '저녁 식사의 딜레마(diner's dilemma)'라고 불렀다. 이것은 의사 결정 과정에서 여러 사람이 참여하는 일종의 죄수의 딜레마와 같다. 여럿이 식사를 하는 상황에서 값을 똑같이 나누어 치르기로 했다면 옆의 친구는 비싼 스테이크를 주문하는데 나는 샐러드를 주문할 이유가 없다. 그래서 모든 사람이 상대적으로 값비싼 메뉴를 주문하고, 그 결과 혼자 밥을 먹을 때보다 더 비싼 저녁 식사를 하게 되는 현상을 설명한다.

4. 왜 아빠는 싫고 엄마는 좋을까?

– 오이디푸스 콤플렉스

다윗과 넷째 아들 아도니야

다윗은 이스라엘 최고의 성군이며, 여호와의 인정을 독차지한 절대 군주였다. 그러나 그도 인간이므로 나이가 많아 늙고 병든다. 70세 무렵, 몸이 차고 기력이 쇠했다. 고대사회에서 기력이 없는 남성에게 젊은 여인의 기(氣)를 전달하는 방식은 흔한 방법이었다. 신하들은 전통적으로 미인 동네인 수넴이라는 마을에서 아비삭이라는 아리따운 처녀를 찾아서 다윗과 잠자리를 함께 하게 한다. 젊은 처녀 아비삭은 다윗 곁에서 시중을 들며, 후궁의 자리에 앉게 된다.

이제 다윗왕이 노쇠한 시점에서 자연스럽게 후계 구도에 대한 다툼이 일어난다. 과거에도 다윗은 자기 아들에 의해 예루살렘에서 쫓겨난다. 이른바 '왕자의 난'으로, 압살롬이 다윗을 내쫓고 쿠데타를 일으킨다. 그리고 후궁들을 겁탈한다. 이 반란은 말을 타고 가던 압살롬의 긴 머리가 나무에 걸려 어이없는 죽음으로 마무리되지만, 그 후유증은 계속된다.

이제 순서로 보면 세 번째 아내에게서 난 아도니야가 왕위를 계승해야 한다. 그러나 다윗이 정사를 볼 능력조차 없음을 틈타 아도니야가 선수를 친다. 다윗의 네 번째 아내인 밧세바[24]의 몸에서 나온 솔로몬의 왕위계승을 예상하고 왕자의 난을 일으킨다. 우선 국방장관 요압과 대제사장 아비아달의 지지를 받아내고 정치적 정당성을 확보한다. 바로 종교와 군을 장악하고 예루살렘 인근에서 즉위식을 거행한다.

이에 놀란 솔로몬의 어머니 밧세바는 나단 선지자와 제사장 사독을 이끌고 다윗에게 반란이 일어난 것을 알린다. 밧세바는 다윗에게 "후계자는 솔로몬이 아니냐?"라고 항의한다. 기력이 떨어진 다윗에게 "솔로몬에게 왕위를 물려주라"고 강요한다. 곧바로 아도니야의 즉위식 행사장에서 600m 떨어진 기혼 샘에서 솔로몬은 왕위 즉위식을 거행한다. 호위부대장 브니야는 솔로몬을 지지한다. 결국, 아도니야는 솔로몬과 다윗의 호위부대에 의해 진압된다. 그러나 아도니야를 처형하지 않고 가택연금 시킨다.

그후 아도니야는 다시 세를 규합하고 또 다른 반란을 꾀한다. 아버지 다윗의 첩인 아비삭을 달라고 솔로몬의 어머니 밧세바에게 요구한다. 밧세바는 큰 문제가 되지 않는다고 생각하고 솔로몬에게 전달한다. 그러나 지혜의 왕 솔로몬은 아버지의 첩인 아비삭을 달라고 한 아도니야의 숨겨진 의도를 정확히 간파했다. 아도니야 자신에게도 권력의 일부를 양도하라는 의미였다. 그러나 솔로몬은 호위대장 브니야를 보내 아도니야를 처형한다.

성의 문제인가, 권력의 문제인가?

아들은 늘 어머니를 흠모하고 독차지하고 싶어 한다. 그러나 자신 앞에는 늘 무섭고 강력한 권력자가 어머니를 소유하고 있다. 바로 아버지다. 압살롬도 백주 대낮에 왕궁 옥상에서 아버지의 후궁들을 겁탈한다. 아도니야도 아버지의 마지막 첩인 아리따운 아비삭을 달라고 뻔뻔하게 요구한다.

오이디푸스 콤플렉스는 결국 성과 권력 싸움의 측면이 있다. 늘 아버지의 권좌에 대한 시기심. 어머니의 사랑을 독점하고 싶은 욕망이다. 아도니야는 후일을 도모하고 자신의 세 규합에 힘써야 했지만, 어이없게도 아버지의 첩을 요구하다 결국 처형당하고 만다.

오이디푸스 콤플렉스

오이디푸스 콤플렉스는 그리스 신화 오이디푸스 이야기에서 유래한다. 테베(Thebes)의 왕 라이오스(Laius)는 새로 태어나는 왕자가 장성하면 자신의 생명을 위협할 것이라는 신탁을 받는다. 이에 라이오스 왕은 어느 양치기에게 자기 아들을 맡기고는 죽이라고 명한다. 그러나 양치기는 가여운 마음에 아기를 죽이지 못하고 다리를 묶어 나무에 매달아 놓는다.

이를 발견한 농부가 아기를 지주(地主) 부부에게 데려간다. 부부는 아기를 양자로 들이고 '오이디푸스(부은 발 또는 묶인 발이라는 뜻)'라는 이름을 지어 준다. 후에 라이오스 왕과 마주친 오이디푸스는 그가 자기 친아버지라는 것을 모르고 죽이게 된다. 또한 괴물 스핑크스의 수수께끼를 푼 오이디푸스는 왕으로 추대되고 선왕비(先王妃) 이오카스테(Iocaste)와 결혼하게 된다.

결국, 오이디푸스는 자기도 모르게 친아버지를 살해한 자식이 되고, 친어머니의 남편이 된 것이다. 오랜 시간이 흘러 진실을 알게 된 이오카스테는 스스로 목숨을 끊고, 오이디푸스는 자신의 두 눈을 찔러 실명시킨 뒤 방랑길에 오른다.

오이디푸스 콤플렉스 이론은 오스트리아의 정신과 의사 지그문트 프로이트(Sigmund Freud)에 의해 제시되었다. 프로이트는 남자아이가 아버지를 제거하고 어머니를 독차지하려는 경향이 남근기(phallic stage, 4~6세)에 분명하게 드러나며, 잠복기(latency stage, 6~12세)가 되면 다시 억압된다고 주장했다. 아이는 어머니의 사랑을 쟁취하기 위해 아버지와 같은 위치에 서고 싶어한다.

그러나 자신보다 몸집도 크고 절대적인 존재인 아버지에게 열등감과 좌절감을 느낄 뿐이다. 위협을 느낀 아이는 어머니에 대한 독점욕을 양보하고 아버지라는 존재를 수용함으로써 타협한다. 이 타협으로 오이디푸스 콤플렉스는 극복되고 부모의 인정을 받는 사회 구성원의 하나로 거듭나게 된다. 프로이트는 이 개념이 정신분석학에서 모든 신경증의 원형이기 때문에 일반적으로 신경증 환자는 오이디푸스 콤플렉스의 극복에 실패한 사람이라고 주장했다.[25]

5. 이도 저도 싫다. 제발 날 가만히 놔둬!
- 번아웃 증후군(Burn-Out Syndrome)

번아웃 증후군!

어떤 일에 지나치게 집중하다 보면 어느 시점에서 갑자기 모두 불타버린 연료와 같이 무기력해지면서 업무에 적응하지 못하는 증상으로, 일이 실현되지 않을 때나 육체적 피로와 정신적 피로가 극도로 쌓였을 때 나타난다.

'번아웃 증후군'이라는 말은 미국의 정신분석 의사 H. 프뤼덴버그가 자신이 치료하던 한 간호사에게서 이 증후군의 최초 사례를 찾아내면서 사용한 심리학 용어다. 즉, 일과 삶에 보람을 느끼고 충실감에 넘쳐 신나게 일하던 사람이 어떤 이유에서건 그 보람을 잃고 돌연히 슬럼프에 빠지게 되는 현상을 말한다.

세계보건기구(WHO)는 2019년 5월 27일, 제11차 '국제질병

표준분류기준'에서 번아웃 증구훈을 '제대로 관리되지 않은, 만성적 직장 스트레스로 개념화한 증후군'으로 정의하면서 건강 상태에 영향을 미칠 수 있는 인자로 판단했다.

번아웃 증후군의 특징
1. 에너지 고갈 및 소진(탈진)
2. 일에 대한 심리적 거리감, 업무에 관한 부정적, 냉소적 감정 등의 증가
3. 직무 효율 저하 등

지금 나의 목숨을 거두시옵소서 – 엘리야

성경에서 죽음을 맞이하지 않은 인물이 두 사람 있다. 첫째는 에녹이며, 두 번째 인물이 엘리야다. 난세에 영웅이 난다고, 엘리야는 북이스라엘 왕조에서 가장 악독하며 우상숭배의 대표적 왕인 아합과 그의 아내 이세벨의 시대에 활동한다.

지중해가 보이는 갈멜산에서 아합왕은 바알과 아세라 우상을 섬기는 주술사 850명을 집결시킨다. 그리고 진짜 신이 누구인지 판가름한다. 송아지 두 마리를 양쪽 진영에 번제물로 올려놓고, 하늘에서 불이 내려 제물을 불사르는 쪽이 진짜

신(神)임을 확인하는 자리다.

늦은 저녁, 엘리야는 하나님께 간절히 기도한다. 그리고 하늘에서는 불이 내려와 엘리야 측에 있는 번제물을 태워버린다. 그리고 엘리야는 우상을 섬기는 850명의 바알과 아세라 선지자들을 진멸한다.

여기까지 이야기는 말 그대로 해피엔딩이다. 그런데 그 광경을 목격하고 돌아온 아합왕은 아내 이세벨에게 이 내용을 말한다. 우상숭배의 최전선에 있었던 이세벨은 자신의 선지자들이 전멸한 것에 분개한다. 그녀는 사신을 보내어 이렇게 전한다.

네가 예언자들을 죽였으니, 나도 너를 죽이겠다. 내가 내일 이맘때까지 너를 죽이지 못하면, 신들에게서 천벌을 달게 받겠다. 아니, 그보다 더한 재앙이라도 그대로 받겠다(열왕기상 19:2, 새번역).

이 말을 전해 들은 엘리야는 두려워서 급히 일어나 이스라엘 최남단 브엘세바로 도망친다. 그는 하나님께 이렇게 말하고 쓰러진다.

"주님, 나의 목숨을 거두어 주십시오."

번아웃 된 엘리야

엘리야는 막강한 아람과 정략결혼을 통해 힘을 키운 아합과 상대해야 했다. 그는 하늘에서 불이 내리는 기적을 보였으며, 850명과 맞서 싸워 이겼다. 또 그는 가뭄으로 메마른 이스라엘에 비를 내리게 했다. 하루 만에 이룬 기적이다.

그러나 그에게 돌아온 결과는 아합왕과 이세벨의 항복이 아니라 죽음의 공포였다. 승리의 면류관을 쓰기는커녕 다시 죽음의 위협이 도사리고 있다. 탈진 상태에서 더 이상 나아갈 힘이 없다. 그리고 자신을 죽여달라고 하나님께 한탄하고 있다.

우리가 일상에서 일에 몰두하면 극도의 피로감이 몰려온다. 그러나 일이 마무리되지 않고 상황도 개선되지 않으며 성과도 나지 않을 때 번 아웃이 온다. 모두 소진되고 연소되고 마는 이 현상을 번아웃 증후군이라고 한다.

하나님은 로뎀나무 아래 누워 자는 엘리야에게 천사를 보내신다. 그리고 천사는 마사지로 그의 지치고 얼어붙은 몸을 녹여준다. 그리고 숯불에 구운 떡과 불을 먹인다.

그렇다. 하나님은 지친 엘리야에게 필요한 것을 아신다. 깊은 잠을 주시고, 스킨십을 통해 긴장을 이완시켜 주신다. 그리고 숯불 요리를 통해 그의 후각과 미각을 살리신다.

현대 사회 번아웃 증후군에 노출된 우리에게도 적용하자면, 일단 쉬고, 자자. 그리고 사랑하는 사람과 스킨십을 하자. 그리고 미각과 후각에 자극을 느끼게 하는 맛난 음식을 먹자. 숯불 요리가 제격이다.

6. 잘한다, 잘한다 하면 진짜 잘한다!

– 피그말리온 효과(Pygmalion effect)

오늘도 무사히!

과거에 택시나 버스를 타면 기사님 옆에 붙어 있는 '오늘도 무사히'라는 문구와 기도하는 어린 소년의 사진이 있었다. 18세기 영국화가 '조슈아 레이놀즈'가 그린 '기도하는 어린 사무엘'이 그 사진의 원작이다.

과거 유목·농경사회에서는 대를 잇지 못함이 죄였다. 조선시대에도 칠거지악(七去之惡)이 있지 않았는가? 이스라엘의 마지막 재판관이고 제사장이며 선지자였던 사무엘. 그러나 그의 어머니 한나는 사무엘을 출산하기까지 모진 고난과 멸시를 당했다.

그러나 한나의 긴 기도와 간절함을 당시 제사장 엘리가 주목한다. 그리고 제사장 엘리는 기도하며 하나님께 은혜를 구한다. 결국, 한나는 남편과 동침한 후 임신하여 아들을 낳았다. 그가 사무엘이다. 그리고 아기 사무엘을 성소에 맡겨 하나님께 드린다.

사무엘, 넌 특별해!

어머니 한나는 아기 사무엘을 제사장 엘리에게 맡긴다. 아이를 일 년에 한 번만 만난다. 아기에게는 제사장의 복장인 세마포와 에봇[26]을 입힌다. "옷이 그 사람을 말한다"라고 하지 않았던가? 아기 사무엘은 엄마 젖을 뗀 후부터 철저하게 제사장 훈련을 받기 시작한다.

당시 제사장 엘리는 나이 많아 눈이 보이지 않았다. 제사장 직을 세습해야 하는 엘리의 아들들은 타락의 일로를 걷는다. 심지어 성소의 등불을 지키는 사람이 없어 어린아이 사무엘이 그 등불 옆에서 잠을 청하며 아침을 기다린다. 그 위기의 시기에 당시 여섯 살로 추정되는 사무엘에게 하나님의 음성이 들린다.

"사무엘아, 사무엘아"

어린 사무엘은 자신의 스승이자 제사장인 엘리의 목소리로 생각하고 엘리에게로 간다. 세 번이나 반복되자, 엘리는 알아차린다. 여호와 하나님의 음성임을 깨닫고 사무엘에게 이렇게 대답하라고 시킨다.

하나님 말씀하옵소서 주의 종이 듣겠나이다!(사무엘상 3:10)

이제 사무엘은 명실상부 하나님의 음성을 듣는 제사장이자 선지자로 자리매김한다.

대우해주고 칭찬하고 인정하면 그 사람이 된다

한나는 우여곡절 끝에 얻은 아이 사무엘을 하나님께 바친다. 성소(성전)에서 배우고 자라서 하나님의 종이 되길 원했다. 그래서 귀하게 얻은 아들이지만 이별을 고하고, 일 년에 한 번만 만난다. 모질 정도로 철저하게 훈련시킨다. 그리고 어린 아기이고 율법적으로도 어긋나지만, 당시 제사장만 입는 옷인 에봇을 입힌다. 대제사장 엘리도 그것을 허락한다.

사무엘은 성소에서 먹고, 자고, 기도하며 등불을 지킨다. 아기 사무엘을 제사장으로 인정하고 대우하고 칭찬하니 스스로 더 자신의 자리를 굳게 지킨다. 그는 이스라엘을 구하는 마지막 재판관으로, 또 사울과 다윗을 옹립하는 킹메이커의 역할을 담당하고 역사 속으로 사라진다.

피그말리온 효과

피그말리온 효과는 그리스 신화에서 유래한 용어로, 긍정적인 기대나 관심이 사람에게 좋은 영향을 미치는 효과이다. 일이 잘 풀릴 것으로 기대하면 잘 풀리고, 안 풀릴 것으로 기대하면 안 풀리는 경우를 모두 포괄하는 자기충족적 예언(self-fulfilling prophecy)과 같은 말이다.

자신이 만든 조각상을 사랑한 조각가 피그말리온은 아름다운 여인상을 조각하고 '갈라테이아'(Galatea)라 이름 짓는다. 세상의 어떤 살아 있는 여자보다도 더 아름다웠던 갈라테이아를 피그말리온은 진심으로 사랑하게 된다. 여신 아프로디테는 피그말리온의 사랑에 감동하여 갈라테이아에게 생명을 불어넣어 준다. 간절히 원하고 기대하면 원하는 바를 이룰 수 있다는 것을 보여주는 이야기다.

넌 똑똑한 아이야!

피그말리온 효과는 삶에 큰 영향을 미친다. 1968년 하버드의 교수 로젠탈(Robert Rosenthal)은 미국의 초등학교 학생들을 대상으로 피그말리온 효과에 관한 실험을 했다. 특정 아이들이 똑똑하다고 교사에게 알려 주고, 8개월 후 성적을 측정했더니….

먼저 전체 학생을 대상으로 지능검사를 실시했다. 결과와 상관없이 무작위로 20%의 학생을 뽑고, 교사에게는 이 학생들이 상위 20% 지능이 높은 학생들이라고 전달했다. 교사의 기대와 격려에 학생들은 부응하려고 노력했다. 8개월 후 평가를 실시하자 해당 학생의 성적이 실제로 향상되었다. 명단에 오른 학생들에 대한 교사의 기대와 격려가 학생의 성적 향상에 실제로 영향을 미친다는 사실을 증명했다.

스티그마 효과(Stigma effect)

피그말리온 효과에 반대되는 효과가 있다. 스티그마 효과이다. 스티그마 효과는 한번 나쁜 사람으로 찍히면 스스로 나쁜 행동을 하게 되는 효과를 말하며. 낙인 효과(烙印效果)라고도 한다. 사회 심리학에서 일탈행동을 설명할 때 주로 사용한다.[27]

7. 세상에 내 편은 하나도 없어!

– 조현병(정신분열증)

완벽한 악역, 불행한 사울

사울이 이스라엘을 다스린 시대는 기원전 11세기(기원전 1,020~
1,000년)이다. 이 시기에 전 세계의 부족들은 청동기 시대에서
철기시대로 넘어가는 격동의 역사를 겪는다. 생산력이 급속히
증대되고 잉여 생산물이 늘어남에 따라 부족들 간의 전쟁이
빈번해진다.

또, 이 시기에는 제정일치 사회에서 제정분리 사회로 급변
하게 된다. 사울은 이런 변화의 시기에 임금의 자리에 오른다.
따라서 강력한 왕권은 확립되지 않은 시기였으며, 정치와 종
교를 장악하던 사무엘이라는 강력한 제사장의 그늘에 있었
다.

사울은 뛰어난 외모와 불같은 열정으로 사람들을 감동시켰
으며, "사울도 예언자 중 하나더냐?"라는 말처럼 영적인 민
감성과 깊이를 가진 인물이었다. 그러나 앞 장에서 말한 것처
럼 사울은 사무엘에게 버림받고 백성들에게 외면당한다. 그
는 홀로 남게 되고, 외로움과 우울증에 시달린다. 그런데 그
를 위로하고 달래준 것이 바로 다윗의 하프 연주였다.

하지만 다윗이 블레셋과의 전투에서 골리앗을 무찌르는 순
간 사울은 다시 불안감이 몰려든다. 아들 요나단도 다윗과
우정을 위해 아버지를 배신한다. 이제 사울은 왕으로서 명예
를 되찾는 유일한 방법은 전쟁터에서 장엄하게 전사하는 것
뿐이라고 판단한다.

사울은 우울증만이 아니라 주변 사람들을 의심하고 죽이
려는 피해 의식과 망상이 있었다. 엔도르의 무당을 찾아가 사
무엘의 혼백과 접신하고 졸도하며, 다윗의 면전에서 단창을
던지며 살해하려 했다가 잠시 후에는 "내 아들아! 아들아!"
하며 사과한다. 현대의학으로 보자면 우울증과 정동성 정신
분열증 진단을 받을 것으로 정신의학계에서는 분석하고 있
다.

아무런 가문의 배경이 없었음에도 한 나라의 왕이 된 사울
은 어찌 보면 처음에는 세상에서 가장 운이 좋은 사람이었을

지 모른다. 하지만 주위의 많은 이들의 질투와 시기심에 사울은 계속 고립의 길로 빠졌다. 사울도 아마 그런 사람들의 따가운 시선을 느끼면서 자신의 권좌가 매우 위태로워질 것이라는 생각을 했을 것이다. 그는 누가 충신이고 누가 간신인지를 의심하며 자신을 스스로 죽이고 있었을지 모른다.

조현병 증상

① 환청 또는 환시

다른 사람은 들리지 않고 보이지 않는 것을 듣고 보는 것을 의미한다. 환시보다는 환청이 있는 경우가 더 흔하다. '오토바이 소리'나 '쿵쿵거리는 소리'와 같은 무생물에 의한 소리부터 사람들의 말소리까지 다양한 소리가 들린다.

② 망상

사실과 다른, 잘못된 생각을 의미한다. 환자는 왜 그런 생각을 하게 되었는지 잘 설명하지 못하지만 자기 생각을 굳게 믿는다. 이는 합리적인 설명에 의해서 교정되지 않는다. 망상의 흔한 예시로는 다음과 같은 것이 있다.

 – 피해망상 : 누군가가 자신을 해치려 한다는 망상

예) "안기부에서 나를 감시한다."

　　"내 밥에 독이 들어 있다."

- 관계망상 : 자신과 관련이 없는 일을 관련 있는 것으로 생각하는 것.

예) "사람들이 내 얘기를 한다."

③ 와해된 언어

의미가 연결되지 않고, 문장 자체가 제대로 이루어지지 않아 알아들을 수 없는 이상한 말을 한다.

④ 이상한 행동

상식적으로 이해하기 어렵고 이상해 보이는 행동을 보인다. 행동 체계가 완전히 망가져서 아무런 의미도 목적도 없는 기괴한 행동을 하는 경우도 있다.

⑤ 조증

기분이 고양되거나, 과대하거나, 과민해진다. 이런 기분의 변화 이외에도 생각이 빠르고 산만하며 말이 많다. 수면이 감소하고 활동이 증가하며 자신에게 해가 되는 행동도 서슴지 않고 하는 등의 문제 행동을 보인다. 다양한 과대망상을 보인다.

⑥ 우울증

기분이 우울하거나 매사에 관심이 적어지고, 즐거움을 느끼기 힘들어진다. 몸에 기운이 없고, 과도한 죄책감과 집중력 저하, 수면 및 식욕의 감소, 자살 생각 등의 증상이 나타난다.28)

8. 세상은 나를 위해 움직인다.
– 자기애성 인격장애

나르시시스트 야곱

조변병은 세상에 내 편이 하나도 없다고 생각하게 한다. 하지만 나르시시스트는 모든 사람이 나를 위해 움직이고 있다고 확신한다. 성경 인물 중 나르시시스트를 뽑으라면 대표적인 인물이 야곱이다.

> 리브가가 임신하였더니 그 아들들이 그의 태 속에서 서로 싸우는지라(창세기 24:21-22).

야곱은 다투는 사람이었다. 우선 그는 어머니 자궁에 있을 때부터 혼자 이 방을 독차지하고 싶은데, 이상한 누군가가 귀

잖게 한다. 내 행복을 빼앗아 갈 누군가가 방해하고 있다. 태 속에서 자라면서 좁은 자궁이 불만이었다. 태 속에서 자리싸 움이 시작된다. 세상으로 나올 때는 자신이 늦게 나가게 됨을 알고 형의 발꿈치를 붙잡는다. '발꿈치를 붙잡은 자'라고 해 서 그의 이름은 붙잡고 빼앗는 사람 '야곱'이다.

그러나 아버지 이삭은 형 에서를 편애한다. 남자다운 에서 는 사냥을 해서 아버지를 기쁘게 한다. 야곱은 또 한 번의 좌 절을 느낀다. 어머니 리브가는 야곱이 불쌍해서 그를 더 사랑 한다.

'팥죽' 사기 사건

어머니 태 속에서부터 다툰 야곱은 자란 뒤에도 다툼의 삶 을 산다. 그는 형 에서의 장자권을 뺏으려 한다. 야곱은 자신 이 장자가 되어 아버지의 모든 재산과 명예를 갖고 싶어 형을 속인다. 허기진 에서에게 팥죽 한 그릇과 장자의 명분을 맞바 꾸자고 제안한다. 에서는 시장한 나머지 수락한다. 죽음을 앞둔 이삭이 에서에게 장자권을 축복하려 하지만 야곱이 털 을 뒤집어쓰고 에서로 변장해서 장자권을 받는다.

어머니 리브가는 야곱의 범죄를 종용한다. 야곱은 자기 행복과 부를 위해서 어떤 수단과 목적도 다 동원한다. 하지만 정작 야곱에게 범죄의 단초를 제공한 것은 바로 리브가였다. 사기로 장자권을 차지한 야곱은 결국 형 에서의 공격을 피해 외삼촌 집으로 피신한다. 외삼촌 라반의 집에서 야곱은 죽어라 종살이한다.

아침에 일어나니 레아라!

야곱은 라반의 딸인 어여쁜 라헬을 사랑하게 된다. 그리고 그를 아내로 맞이하기 위해 7년 동안 열심히 일한다. 자신의 모든 것을 희생한다. 하지만 라반은 곱고 아리따운 레아를 주지 않고, 눈이 어두운 레아를 준다. 야곱은 라반에게 항의한다. 라헬의 언니 레아에게도 큰 상처를 준다. 다시 7년을 일하고 라헬을 얻었으나, 이것에 만족하지 못한다.

완전한 행복 사냥

또 다른 행복을 위해 사냥을 나선다. 라반의 양과 염소를 자신이 차지하기 위해 수작을 부린다. 버드나무, 살구나무, 신풍나무 가지를 보여주면 아롱지고 점박이가 나온다는 것을 안 야곱은 돌연변이가 나오면 자신이 갖겠다고 제안한다. 그리고 라반보다 더 많은 재산을 차지한다. 그러나 야곱의 라반의 아들들은 야곱이 자신들을 속였다고 확신한다.

야곱은 자기 양과 염소와 전 재산을 가지고 야반도주한다. 야곱은 다시 도망자 인생이 된다. 도망치다 라반에게 붙잡혀 도둑놈 취급을 받았다. 그러나 극적으로 라반과 화해한다. 고향으로 돌아오니 20년 전 자기에게 사기당한 형 에서가 대군을 거느리고 야곱을 기다리고 있다. 야곱은 결국 모두 포기하고 하나님께 항복하며, 평생 하반신 장애로 살아가게 된다.

자기애성 인격장애자들의 특징

나르시시스트들은 모든 것을 수단화한다. 사람들을 행복을 위한 '문제해결의 도구로만 생각'한다. 야곱은 자기애성 성격장애로 가족들과 관계에서 잘못된 단추를 끼운다. 어그러진 인격으로 도망자 인생을 살아간다. 환경에 적응하지 못하고 이용만 하려고 하니 늘 떠돌이 인생이 된다.

무한한 성공욕

자기애성 인격장애는 무한한 성공욕으로 가득 차 있고 주위 사람들로부터 존경과 관심을 끌려고 애쓴다. 지위나 성공을 위하여 대인관계에서의 착취, 공감 결여, 사기성 같은 행동양식을 보인다. 특히 형제 없이 자란 사람에게 많이 생기며, 연극 등 예술 분야, 운동, 학문연구를 하는 전문인들에게 발생하는 경향이 있다. 스스로 천재라고 생각하는 사람이 많다.

神이 되고 싶은 사람

자기애성 인격장애의 증상은 대인관계에서 남을 위할 줄 모르고, 자신의 중요성을 지나치게 느껴 모든 것이 자기중심적이다. 자기의 능력에 대해 비현실적인 자신감이 있고, 무제한적인 능력, 재물, 권력, 높은 지위, 아름다움이나 이상적 사랑을 바란다. 간혹 이러한 목표가 달성된다고 하더라도 만족하지 못하고, 더 큰 목표가 달성되지 못했다고 실망한다.

또한 존경과 관심의 대상이 되고자 끊임없이 애쓴다. 내면의 충실보다는 겉치장에 더 관심이 있고, 친구를 깊이 사귀는 것에 별 관심이 없고, 멋진 사람들과 어울리는 것을 좋아한다. 다른 사람이 자신을 비판할 때는 상대방에 대한 무관심과 분노로 인해 상대를 모독하고, 어떤 일에 실패하거나 실의에 빠질 때는 스스로에 대한 열등감, 수치심, 허무감으로 괴로워한다.

소설 "완전한 행복"의 주인공 '유나' – 나르시시스트의 끝판왕!

정유정 작가는 이런 자기애적 인격장애가 있는 사람들의 특징에 대해서 이렇게 정리한다.

가족에게 의존한다. 높은 자존감에 비해서 자아가 없다. 자존은 자신의 목적과 목표라면 자아는 자신의 양심, 주체적 행위자를 말한다. 나르시시스트는 가족들에 대해서 나를 돌봐주는 제2의 나로 본다. 엄마를 양육자라고 생각하지 않고 나라고 생각한다. 나를 돌봐주는 또 다른 나(엄마)가 내 모든 것을 대신해준다고 생각한다.

타인을 이용한다. 부모가 자녀에게 거절하지 못하고, 거절과 좌절의 경험을 주지 못한다. 그러면 자녀가 타인의 것을 함부로 만지고 사용하고 빼앗고, 결국 '가스라이팅'을 하게 된다. 친구에게 진액을 다 뺏어 먹고 떠난다. 모든 사이코패스는 다 나르시시스트다. 영혼의 약탈자가 된다. 상대에 대해 금세 파악하고, 무엇을 좋아하는지 정확히 안다. 간이라도 내어줄 듯, 세상에서 가장 소중한 사람으로 여기는 것처럼 다가가 상대를 정복해 버린다. 심리적으로 지배한다.

왜 이런 문제가 자꾸 발생할까요?
정유정 작가는 이렇게 말한다.

인본주의 교육에 문제가 있다고 봅니다. 너는 특별해! 자존감이 높아야 해! 너는 세상의 중심이야! 라고 가르칩니다. 그러면 아이는 특별하다는 전능감(全能感)을 가지고 그대로 성장합니다. 'Just Do It!' 부모는 네가 하고 싶은 대로 하며 살라고 합니다. 아무것도 못 할 것이 없을 것 같은데, 막상 사회에 나가보면 힘이 없어 바로 나가떨어집니다.

세상을 사는 목적이 '행복하기 위해서'라는 이상한 모토가 우리를 괴물로 만들어 가고 있습니다. 인생은 결핍과 불행을 받아들여야 진정한 인생의 의미와 행복을 알 수 있습니다. 그런데 자기애적 성격 장애자들은 자기 행복에 걸림돌을 보면 참지 못하고 제거하려 듭니다.

나르시시스트가 무서운 것은 범죄까지 가지 않는다는 점입니다. 그 직전에 멈춥니다. 너무 멀쩡한 모습으로 살아갑니다. 우리 주변에서 아무렇지 않게 살면서 숨어 있습니다.

자기애적 인격장애 진단기준 (DSM-IV-TR)[29]

과대성(환상 또는 행동 속에서의), 숭배에 대한 요구, 공감 결여의 전반적 패턴이 나타나며, 이는 초기 성인기에 시작된다. 다음 중 5가지 이상의 항목에 해당한다면 자기애적 인격장애에 해당한다.

1. 자신의 중요성에 대해 과하게 생각한다.
2. 무한한 성공, 권력, 명석함, 아름다움, 이상적 사랑에 대한 환상에 몰두한다.
3. 자신이 특별하고 독특하며 다른 특별한 사람이나 지위가 높은 사람 혹은 기관에 의해서만 이해될 수 있거나, 또는 이들과 교제해야 한다고 믿는다.
4. 과도한 숭배를 요구한다.
5. 특권 의식을 보인다. 즉, 특별히 호의적인 대접이나 자신의 기대에 대해 자동으로 순응하기를 불합리하게 기대

한다.

6. 대인관계가 착취적이다. 즉, 자신의 목적을 달성하기 위해 다른 사람을 이용한다.

7. 공감이 결여되어 있다. 즉, 다른 사람의 느낌이나 요구를 인식하거나 확인하려 하지 않는다.

8. 종종 타인을 부러워하거나, 다른 사람이 자신을 부러워한다고 믿는다.

9. 거만하고 건방진 행동이나 태도를 보인다.

9. 어디 한번 맛 좀 봐라! 충동조절 장애
- 간헐성 폭발장애

　충동조절 장애는 간헐적으로 공격적 충동이 억제되지 않아 심각한 폭력이나 파괴적인 행동이 발생하고, 법적인 문제가 발생하는 경우가 많다. 병적 도벽(절도광)은 필요한 물건이 아님에도 불구하고 단지 훔치고자 하는 충동을 억제하지 못해 물건을 훔치는 행위가 반복되며, 훔치는 행위를 통하여 만족을 얻는다. 병적 방화(방화광)는 뚜렷한 동기 없이 불을 지르고 싶은 충동을 억제하지 못해 반복적으로 불을 지르는 경우로, 불타는 것을 보고 긴장이 완화되고 희열을 느낀다.

　분노조절장애의 올바른 의학적 용어는 '간헐성 폭발성 장애'이다. 간헐성 폭발성 장애는 폭력이 동반될 수도 있는 분노의 폭발을 특징으로 하는 행동 장애로, 종종 별로 중요하지 않은 일에도 상황에 맞지 않게 분노를 폭발하는 증상을 특징으로 한다(예: 충동적인 고함, 비명 또는 과도한 책망 유발).30)

가인의 제사

가인은 아담과 하와의 아들이다. 선악과 사건으로 에덴동산에서 쫓겨난 아담과 하와는 이제 출산의 고통을 겪으며 첫 아이 '가인'과 둘째 아이 '아벨'을 낳는다. 세월이 지나고 이들이 장성하여 하나님께 제사를 드린다.

농부인 가인은 땅에서 나오는 곡식과 작물을 제사 예물로 드린다. 양치기인 아벨은 자기 양의 첫 새끼를 제사 예물로 드린다. 그런데 여기서 하나님은 아벨의 양 새끼는 받으셨으나 가인의 곡식은 받지 않으셨다. 가인은 형으로서, 장남으로서 자존심이 무너졌다. 그리고 섭섭한 마음을 감추지 못했다.

하나님은 이렇게 물으신다.

어찌하여 네가 화를 내느냐? 얼굴빛이 달라지는 까닭이 무엇이냐?(창세기 4:6, 새번역).

그리고 하나님은 가인에게 충고한다.

네가 올바른 일을 하였다면, 어찌하여 얼굴빛이 달라지느냐? 네가 올바르지 못한 일을 하였으니 죄가 너의 문에 도사리고 앉아서 너를 지배하려고 한다. 너는 그 죄를 잘 다스려야 한다(창세기 4:7, 새번역).

많은 주석가는 하나님이 가인을 버리신 것이 아니라 가인을 시험하신 것이라고 주장한다(독일성서공회 해설성경). 그러나 가인은 이해할 수 없는 차별대우를 받아들이지 못한다. 그리고 그 분풀이를 동생에게 한다. 동생 아벨을 들판으로 유인하여 돌로 쳐 죽인다. 가인은 간헐성 폭발 장애로 동생 아벨을 죽이는 인류 최초의 살인자가 되었다.

인류 최초의 살인사건

어이없이 벌어진 이 살인사건은 충동을 억제하지 못하고 분노와 시기심에 사로잡힌 인간의 본성을 드러내고 있다. 아직 형법과 사회 도덕이 확립되지 않은 시기, 미셸 푸코가 말한 '감시와 처벌'이 없는 시기다. 가인은 자신의 공격적 충동을 억제할 통제 수단이 없었다. 하나님은 가인의 죄를 묻기 위해 아벨이 어디 있는지 물으신다. 그러나 가인은 이렇게 대답한다.

"내가 내 동생을 지키는 사람입니까?"

가인은 하나님께 돌아오지 못하고 평생을 떠돌이 인생으로 산다.

마지막 마당

심리학 사용 설명서

1. 한 송이 장미를 그녀 마음에 심으라
– 당신은 여자 마음을 너무 몰라!

사천 원짜리 장미

아내에게는 미안한 일이지만, 대학 1학년 때의 어느 금요일, 집에 가는 길에 있었던 일이다. 방향이 같아 늘 함께 가는 두 살 어린 동기 여학생이 있었다. 그날이 마침 그 아이의 생일이었다. 1시간 이상 같이 가야 하는데, 서먹할 것 같았다. 집에 갈 차비를 빼니 사천 원이 남았다. 대학 지하 매점에서 마지막 떨이로 파는 꽃을 샀다. 사장님이 남은 꽃을 영자 신문으로 포장해주셨다. 그럴싸했다. 버스를 타자마자 꽃다발을 전해주었다.

소개팅에 늘 따라 나오는 동기 여학생 OO

그런데 어느 날 문득 그 여학생이 소개팅을 시켜주겠다고 한다. 예술의 전당으로 나갔다. 처음이라서 그런지 그녀와 소개해준다는 친구가 함께 나왔다. 그래서 셋이 밥을 먹고 헤어졌다.

두 번째 만남, 또 둘이 같이 나왔다. 내가 쑥스러울까 봐 배려하는 것으로 생각했다. 그리고 1년 반이 지났을까? 동기 친구가 충격적인 이야기를 전한다. 그 여학생이 고민을 털어놨다고. "오빠가 나를 좋아한다"라고…. 그리고 작년 생일날 받은 꽃에 너무 감동했다고 한다.

지난 1년 반 동안 있었던 모든 일이 정리되었다. 소개팅은 나를 만날 구실이었다. 그 사실을 알고 사천 원짜리 꽃 한 다발의 위력이 얼마나 무서운지 알게 되었다.

자기는 여자 마음을 너무 몰라!

신혼 초, 여느 부부와 비슷하게 우리도 엄청나게 싸웠다. 아내는 내가 너무 강압적이고 냉정하다고 했다. 그런데 내 생각도 마찬가지였다. 사소한 것에 좌충우돌하는 아내가 이해가 가지 않았다.

드디어 아내가 폭발했다!

"자기는 여자 마음을 너무 몰라!"

충격이었다. 나름 이해심이 많다고 생각했는데, 차근차근 생각해 보니 사실이었다. 아내에게 장미꽃 한 송이를 줄 여유도 없었다. 그저 아내에게 인정받고 싶었다. 그래서 무엇을 해내야 한다고 생각했다.

그런데 데일 카네기 《인간 관계론》에 부부 생활의 비결이 있었다.

"아내에게 절대 잔소리하지 말고, 꽃을 자주 사 주라."

잔소리만 하고 꽃 한 송이 사 준 일이 없어 미안하고 죄송했다. 그래서 결혼기념일 금일봉을 드렸다.

아내의 카톡 프로필이 바뀌었다.

18년 전 웨딩 사진으로….

2. 정말 남성은 여성보다 상대의 심리를 모를까?

감정 읽기라는 문제가 그렇게 단순하지만은 않다. 메사추세츠 공과대학교 윌리엄스 교수팀은 여성이 남성보다 상대방의 희노애락(喜怒哀樂)을 훨씬 정확하게 짚어낸다는 연구 결과를 발표했다. 그러나 분노의 감정을 읽어내는 능력만큼은 남성이 여성보다 뛰어나다는 사실이 밝혀졌다. 한편, 남성은 동성, 즉 남성의 표정을 보고 감정을 잘 읽어내지만, 여성의 표정을 보고는 감정을 읽어내지 못하는 것으로 드러났다.

뒤스브르크 에센 대학교 시퍼 교수팀의 연구팀은 11세에서 52세 남성에게 다양한 눈 영상을 보여주고 두 가지 질문을 했다. 첫째 남성인가, 여성인가? 둘째 즐거워 보이는가, 슬퍼 보이는가? 그 결과 남녀 구별은 비교적 정확하게 했지만, 여성의 눈을 보고 감정을 제대로 읽어내지 못한다는 사실이 밝혀졌다.

남성은 남성의 눈을 보고 90% 정답률로 감정을 알아맞혔으나 여성의 눈을 보고는 75%밖에 알아맞히지 못했다. **남성은 표정을 읽는 능력이 전반적으로 부족하다기보다는 이성의 표정을 읽는 능력이 떨어진다.** 반대로 동성의 얼굴이라면 제법 정확하게 파악할 수 있다. 이 이유를 영국 퀸 메리 대학교 라만 교수팀은 인간이 아주 먼 옛날 수렵시대에는 남성끼리 소통이 이성과의 소통보다 훨씬 중요하였기 때문이라고 주장했다.[31]

성경에서도 실낙원(失樂園) 이후 남자는 밭에 가서 땀 흘려 일해야 하는 징벌을 하나님께 받았다. 동료 남자들과 경쟁하며 일하다 보니 그들의 눈치를 살피는 부분이 발달했다. 그래서 동료의 분노 감정만은 남성들이 더 민감하게 알아차린다. 남성들은 자연히 동성의 심리를 더 잘 살피도록 발전하였다는 주장이다. 그러니 이성에게, 특히 여성에게 관심을 갖자. 바람둥이가 되기 위해서가 아니라 막힌 담을 헐기 위해서다.

존 그레이의 베스트 셀러 《화성에서 온 남자 금성에서 온 여자》에 나오는 일화다. 정신과 의사인 남편 존 그레이도 신혼 초 아내의 마음 읽기에 실패한 것은 매 한 가지다. 다음은 아내 바니의 편지다.

사랑하는 존!

내 마음을 당신과 나누고 싶어 이 편지를 씁니다.

당신이 그렇게 많은 시간을 일에 매달려 있다는 깃이 나는 화가 나요. 집에 돌아올 때 당신에게는 나를 위한 것이 아무것도 남아 있지 않아요. 나는 당신과 좀 더 많은 시간을 함께하고 싶어요. 당신이 나보다 상담 의뢰인들에게 더 신경을 쓰는 것 같아 속상할 때가 많아요.

당신의 지친 모습은 나를 슬프게 합니다.

당신이 그리워요.

당신이 혹 나와 함께 지내는 걸 원치 않는 것은 아닌지, 내가 당신의 인생에 또 하나의 짐을 지게 하는 것은 아닌지 은근히 걱정됩니다.

내 이야기가 당신에게 쓸데없는 투정처럼 들릴까 봐 마음이 쓰이는군요. 이 편지가 당신에게 괴로움을 주지 않기를 바랍니다. 당신이 최선을 다하고 있다는 걸 난 알아요. 늘 감사하는 마음이에요.

당신을 사랑하는 바니가…

"당신이 그리워요."

이 구절이 가슴에 아린다. 같이 자고, 먹고, 쉬고, 평생을 같이하자며 결혼했지만, 아내는 남편을 그리워한다. 전혀 다른 세상에서 전혀 다른 생각을 가지고 사는 '화성남'이다.

그리고 나 역시 '화성남'임을 인정할 수밖에 없다. 남성은 여성들보다 이성의 감정을 읽는 능력이 부족하다. 그러나 방법이 있다.

정신과 의사 존 그레이는 이렇게 고백한다.

"자신의 업무량을 줄이고 아내와 함께하는 시간을 대폭 늘렸다. 하루에 8명 이상 만나던 고객을 7명으로 줄이고, 아내를 여덟 번째 고객인 것처럼 맞이했다. 그랬더니 한 시간 일찍 집에 들어오게 되었고, 집에서는 직장에서 하듯 아내에게 헌신적이고 진지한 관심을 쏟았다. 그리고 작고 사소한 집안일을 시작했다."

그는 이렇게 고백했다.

"이것은 정녕 구원이었다!"

3. 진짜 치유는 용기다!
– 베데스다 연못

한 알의 모래, 한 번에 한 가지 일

자네의 인생을 모래시계라고 생각하게, 모래시계의 가장 위쪽에는 수없이 많은 모래가 담겨 있지. 그 모래알들은 일정한 사이를 두고 천천히 가늘고 좁은 통로를 지나는 걸세. 하지만 모래를 한 알 이상 통과시키려고 하면 시계는 고장 나고 말 걸세. 우리 인생도 모래시계와 같다네. 그 일들을 한 번에 하나씩 차례로 처리하지 않으면 우리의 육체나 정신은 파괴되고 마는 것일세.

'한 번에 한 알의 모래, 한 번에 한 가지 일.'

데일 카네기 《자기관리론》에서

'자립'이라는 용기

진짜 치유는 '용기'다.《미움받을 용기 2》에서 철학자는 다음과 같이 밤에 홀로 잠을 이루지 못하는 소년의 이야기를 청년에게 들려준다.

어떤 소년의 이야기를 예로 들어보겠네. 소년은 컴컴한 어둠을 무서워했어. 밤이 되어 잠잘 시간이 되어 침대에 눕자 어머니가 불을 끄고 침실을 나갔지. 그러자 소년이 울음을 터뜨렸네. 여간해서는 울음을 그치지 않아서 어머니가 돌아와서 물었어.

"왜 우니?"

울음을 그친 소년은 조그마한 목소리로 대답했다.

"깜깜해서요."

아들의 '목적'을 눈치챈 어머니는 한숨을 쉬며 물었네.

"그래서 엄마가 오니까 조금이라도 밝아졌니?"

어둠 그 자체는 문제가 아닐세. 소년이 가장 무서워하고 피하고 싶었던 것은 어머니와 떨어지는 상황이었다. 아들러는 이렇게 말했지.

"소년은 울거나 떼쓰거나 잠들지 않거나 혹은 뭔가 다른 수단을 통해 일부러 어머니를 성가시게 해서 자기 곁에 두려고 할 것이다."[32]

아들러는 사람의 유아기적 본능이 바로 '자기중심성(自己中心性, ego-centrism)'에서 비롯된다고 보았다. 그래서 태아가 태어날 때 신경 세포의 수가 가장 많다. 모든 감각을 수용하고 민감해야 살아남을 수 있기 때문이다. 그러나 만 3세가 넘어가면 신경 세포의 70%는 소멸한다. 그리고 죽을 때까지 나머지 30%의 신경 세포만 가지고 산다. 유아기적 본능에 머문 사람은 아직도 '세상이 자신을 위해 존재'한다고 생각한다. 하지만 이때부터는 '자신이 세계의 중심'이 아니라, 일부라고 생각해야 하는 시기다. 세상과 타협하고 화해하며, 세상에 기여해야 살아갈 수 있음을 인식하는 것, 이것이 바로 사립이며 '자기중심성으로부터 탈피'이다.

Just Do It "그냥 지금 해봐!"

38년 된 앉은뱅이가 예루살렘 베데스다 연못에 앉아있었다. 이 연못에 가끔 물결이 칠 때 가장 먼저 뛰어들면 병이 깨끗이 낫는다는 전설이 있었다. 그래서 수많은 장애인이 모여 있었다.

예수님은 그 앉은뱅이에게 묻는다.

"네가 낫고 싶으냐?"

앉은뱅이는 이렇게 대답한다.

"예수님, 물이 움직일 때, 나를 들어서 연못에다가 넣어주는 사람이 없습니다. 내가 가는 동안에, 남들이 나보다 먼저 연못에 들어갑니다."

예수님은 이렇게 명령한다.

"Just Do It!" (그냥 일어나 걸어가)

38년 된 앉은뱅이는 그 말을 듣고 일어나 걸어갔다.

불행, 가난, 질병이 오히려 더 편안한 세상

앉은뱅이는 왜 연못에서 긴 시간을 머물러 있었을까? 추측하건대 질병에 걸린 채 불행한 모습으로 온종일 앉아있는 것이 자기가 가장 편리하게 사는 방법이었을 것이다. 그러면 일할 필요도, 가족을 건사할 책임도 없고 사람들의 동정 속에서 늘 살 수 있기 때문이다.

상당수의 기초생활 수급자들이 자활프로그램 참여를 기피한다. 충분히 직장생활을 할 수 있는데도 복지혜택 자격상실을 이유로 취업을 회피한다. 사실 일 하지 않고 정부의 도움으로 현 상태를 유지하는 것이 편하기 때문이다. 그래서 불행과 가난, 질병에서 자립하지 못한다. 바로 '자기중심성에서 탈피'하지 못하고 가장 편리한 '불행 선택'을 계속한다.

예수님은 바로 이 부분을 지적하셨다. "네가 걷기를 원하느냐? 걷기를 원하면 걸어가라. 자리를 박차고 걸으라"라는 말씀이다. 그 지긋지긋한 불행을 떨쳐내 보겠다는 **진정한 용기**

가 필요한 시간이다. 이것이 진짜 치유다.

데일 카네기의 말처럼 '한 번에 한 알의 모래'를 통과시키는 전략이다. 사소한 일이지만 한 가지 일을 해나가면 일속에서 보람, 기쁨, 자신감이 생긴다. 예수님도 힘든 요구를 하지 않으셨다. 그냥 걸으라!

정신과 진료를 받는 사람들은 자신의 문제에 대한 위로만 받고 싶어 한다. 반대로 의사들은 작은 용기를 심어주려고 노력한다. "낮에 걸어 다니세요. 햇빛을 보세요. 일을 하세요…." 작업 치료라는 미명 하에 일을 시킨다.

아이는 어둠을 핑계로 엄마에게 계속 의존하려고 한다. 앉은뱅이는 자신의 질병을 이용해서 평생을 걷지도 않고 일도 않고 늘 신세 한탄 속에 앉아서 편하게 살려고 했다.

"그래서 엄마가 오니까 조금이라도 밝아졌니?"

의존적인 사람은, 나는 중심에 가만히 있고 세상이 나를 위해서 움직여야 한다고 생각한다. 그러나 예수님은 해답을 이렇게 말씀하신다.

"일어나 걸어가라!"

4. 해답은 당신 자신이 갖고 있다
– 먹다! 듣다! 걷다!

이어령 선생님께서 제 3회 기독교 사회복지 엑스포 주제 컨퍼런스에서 이렇게 말씀하셨다.

"먹다! 듣다! 걷다!"

기독교와 한국교회가 이 세 가지를 실천하자고 주장했다. 나는 이 주제에 대해서 먹고, 듣고, 걷다 보면 인생의 해답을 찾을 수 있다고 생각한다.

먹다!

우선 먹는 것이다. 내가 실수했던 과거를 되돌아보았다. 폭언, 경솔한 행동, 직장 동료와 말다툼, 부부 싸움, 모두 다 배고플 때였다. 특히 남성들은 배고픔을 잘 참지 못한다. 내가 배불러야 여유도 생기고 생각도 유연해진다. 상대도 마찬가지다. 왜 공직자에게 판공비를 주고, 기업은 왜 그 많은 접대비를 공식적으로 지출할까? 배가 불러야 마음이 열리기 때문이다.

먹여야 말이 통한다. 부뚜막에서 인심 난다. 초임 장교가 임관하면 유심히 식사 모습을 관찰한다. 잘 먹는지 못 먹는지…. 먹는 것을 보면 일 잘할 재목인지 여부를 알 수 있다. 잘 먹는 사람이 일도 잘한다. 심지어 예수님을 비난하는 사람들은 이렇게 예수님의 별명을 지었다. "즐포육탐" – 포도주를 즐기고 고기를 탐하는 자라고…. 잘 먹어야 잘 산다.

듣다!

인생의 해답 찾기의 진수는 듣기다. 약 칠 년 전 베스트셀러 《나이야 잡화점의 기적》에서 나미야 씨가 그 많은 고민 편지를 받아주고 답장을 보내면서 내린 결론이다.

나도 놀랐어. 자기 나름대로 새겨서 인생에 되살렸어. 이 사람은 나한테 감사하다는데 그럴 필요가 없는 일이야. 일이 잘 풀린 건 전적으로 이 사람의 힘이야. 다른 편지도 그래. 대부분 내 답장에 감사하고 있어. 물론 고마운 일이지만, 가만 읽어보니 내 답장이 도움이 된 이유는 다른 게 아니라 본인들의 마음가짐이 좋았기 때문이야. 스스로 착실하게 살자, 열심히 살자, 하는 마음이 없었다면 아마 내 답장도 아무 소용이 없었겠지.[33]

나미야 씨는 자신에게 고민 상담하는 동네 꼬마들의 이야기를 정성스럽게 들어주었다. 100점을 맞고 싶은 꼬마에게는 "선생님께 나에 대한 문제를 내 달라고 부탁하세요. 그러면 나에 대한 문제에 대해서는 반에서 유일하게 나만 100점을 맞을 수 있지 않나요?"라고 엉뚱한 답변을 한다. 그런데 그 답장을 받은 아이들은 스스로 해답을 찾았다고, 그래서 행복한 인생을 살았다고 30년 뒤에 회고한다.

"들어줘야 스스로 답을 찾을 수 있다."

사람은 자신이 말할 때, 스스로를 검토하고, 옳고 그름을 따진다. 그 과정 속에서 해답을 찾아낸다. '이 말이 맞는 말이야?' 하며, 검증한다. 유명한 심리치료 프로그램을 보라. 문제 게스트가 스스로 말하다가 울고, 웃고, 해답도 스스로 찾는다. 의사는 중간중간 추임새와 결론만 내릴 뿐이다.

걷다!

나는 걷기를 누구보다 좋아한다. 스무 살 무렵, 인제 원통에서 한계령을 넘어 양양까지 홀로 밤새 걸어갔다. 한계령을 넘어갈 때는 안개와 구름이 내 몸을 감싸며 마치 몽유도원도(夢喩桃原圖)를 보는 듯하다. 동해에서는 태양이 오르고 흰 나비의 날개에는 깨알만 한 이슬이 맺히고 각각 오색 빛을 반사한다. 입에서 조물주, 창조주 하나님에 대한 찬양이 절로 나온다. 당시 재수생 시절, 가난과 진학, 취업, 군입대라는 미로 속에서 답답한 가슴이 뻥 뚫렸었다.

업무나 설교를 준비하며 답이 안 나올 때 걷는다. 동네를 한 바퀴 돌고 오면 또 다른 관점과 시각이 보인다. 생각지도 않는 곳에서 답이 나온다. 심지어 강아지도 산책하고 돌아오면 눈이 커져 있고, 입가에 미소가 가득하다. 그리고 나에게 고맙다며 내 눈을 주목한다.

걸어야 한다. 같이 걸으면 더 좋다. 예수님은 공생애 전반을 다 걸어 다니셨다. 걸으며 생각하시고, 걸으며 기도하시고, 걸으며 많은 이들의 아픔을 고쳐주셨다. 그리고 예수님처럼 제자들과 같이 걸어야 한다. 삼인행(三人行)이면 필유아사(必有我師)라 하지 않았던가?

먹고 먹이면, 적어도 최악의 선택은 피할 수 있다. 상대의

심리청백전!

220

말을 잘 듣다 보면, 그가 스스로 해답을 찾아낸다. 걷다 보면 나에게 주어진 길을 반드시 찾을 수 있다. 왜냐하면, 길은 걸어 다니라고 만들었으니까.

5. 심리학의 대가 예수를 만나라!
- 사마리아 여인과 나다나엘

"네 남편을 불러오라"

사마리아 여인에게 예수님은 단도직입적으로 지시한다.

"네 남편을 불러오라"

여인은 "나는 남편이 없나이다"라고 대답한다. 여인은 남자와 다섯 번 결혼과 이혼을 반복한, 또는 불륜 아니면 중첩(重妾)한 여인이었다. 예수님은 지금 있는 남편 또한 안전한 관계가 아니라고 정의한다. 이에 여인은 고백한다.

"선생님, 내가 보니, 선생님은 예언자이십니다!"

"나는 당신을 잘 알고 있습니다."

이것이 예수님이 사람들을 만났을 때 첫 번째 대답이다.

예수님은 그 사람을 만나기 전, 이미 그 사람의 문제를 정확히 파악하고 계시다. 부(富)의 문제, 질병, 차별, 죽음까지도 그래서 예수님은 상대방의 정보를 가지고 압도한다.

빌립의 초대로 예수님을 만난 나다나엘에게 예수님은 이렇게 말씀하신다.

"빌립이 너를 부르기 전에, 네가 무화과나무 아래에 있는 것을 내가 보았다"

이에 나다나엘은 이렇게 말한다.

"선생님! 선생님은 하나님의 아들이시요, 이스라엘의 왕이십니다"

예수님은 심리학의 대가시다. 우리도 예언자이며, 왕처럼 인정받을 수 있다. 독심(讀心)술을 할 수 있다. 예수님처럼 상대를 유심히 관찰하고 관심을 가지면 된다. 마음 읽기가 권력이고 힘이고 부이며, 리더십의 원천이다. 예수님은 어떻게 그 사람의 처지와 삶의 정황을 간파하셨을까?

비결은 당연하다. 예수님은 자신보다 그들을 더 사랑하셨기 때문이다. 사랑하면 아픔이 보인다. 사랑하면 방법이 보인다. 오천 명을 어떻게 먹이셨겠는가? 배고픈 백성들을 사랑하셨기 때문이다. 그들을 위해 하늘을 향해 기도하셨기 때문이다. 그 마음으로 보리떡 다섯 개와 물고기 두 마리에 축복하고 기도하셨기 때문이다. 사랑과 관심이 독심술의 왕도다. 이것이 심리(心理)학이다.

"사랑이 관심이고, 관심이 사랑이다."

좋은 명언 다시 한번 소개하면,

지식을 얻으려면 공부를 해야 하고, 지혜를 얻으려면 관찰을 해야 한다!

마릴린 보스 서번트

6. 심리학 사용설명서

– 내 안에 적을 찾고, 타인을 설득하는 방법

내 안의 적을 찾아내는 10가지 방법

1. 유유상종의 법칙 – 친구는 나의 분신이다.

   나와 카톡을 주고받는 이들의 면면을 냉정하게 평가해
   보라.

2. 물질이 있는 곳에 마음이 있느니라 – 사라진 내 돈들.

   딱 두 달만 내 돈의 사용처를 정확히 기록해보라. 본심이
   어디 있는지 알 수 있다.

3. 역린(逆鱗)의 법칙 – 내 약점을 건드리는 사람.

   내가 미워했던 사람과 이유를 생각해 보라.

4. 큰 바위 얼굴의 법칙 – 바라보는 것이 바라는 이상향이다.

   주로 구독하는 채널을 분석해 보라.

5. 품격 준수의 법칙 - 자존감 결여

　　주로 먹는 식단과 식당의 수준을 평가해보라.

6. 기변 고질병 - 충동적, 감정적, 일관성 결여.

　　자동차, 휴대폰, 직장, 동아리, 교회 등 교체 주기를 보라.

7. 뒤끝 작렬의 법칙 - 마무리가 늘 안 좋은 사람

　　연인과 헤어질 때, 퇴사할 때, 돈 갚을 때, 탈퇴할 때.

8. 잠수타기 선수 - 무책임, 피터팬 증후군, 키덜트(Kidult).

9. 결정 보류 장애 - 밑지는 것 같고, 잘 못 될 것 같고, 솔직히 하기 싫고, 결국 이기심 때문이다.

10. 치부(恥部) 회피 법칙 - 화제를 전환하는 진짜 목적.

상황을 주도하고 설득하는 10가지 방법34)

1. 이미지와 상징을 앞세우라.

　　- 의상과 액세서리를 활용하라.

2. 목숨 걸고 평판을 지키라.

　　- 자기 이미지를 만들라.

3. 무슨 수를 쓰든 관심을 끌어라.

　　- 부고(訃告)를 빼고 언제나 화젯거리가 되라.

4. 말이 아닌 행동으로 승리를 쟁취하라.

5. 자비나 의리가 아니라 이익에 호소하라.

6. 돈의 노예가 되지 말라. 공짜 점심 얻어먹으면 노예 된다.

7. 상대보다 멍청하게 보이라.

   – 경계를 허물라.

8. 신앙심을 이용하여 추종자를 창출하라.

   – 메시아 전략.

9. 별다른 노력 없이 성과를 달성한 척하라.

   – 능력 포장하기.

10. 왕 대접을 받으려면 왕처럼 행동하라.

7. 감정 건강을 지키는 4가지 방법

끝으로 감정을 잘 관리해야 한다. 육체의 건강보다 더 중요한 것이 감정 건강이다. 감정이 건강하지 않으면 하지 않을 말, 하지 않을 행동을 한다. 건강한 감정을 지니려면 감정 건강을 지키는 방법을 알고 있어야 한다.

신경과학자 알렉스 코브 박사는 감정 건강을 지키는 네 가지 방법으로 감사하기, 감정에 이름 붙이기, 직접 결정하기, 신체 접촉을 들었다. 이제 감정을 읽는 데에서 감정 건강을 지키는 것으로 발전했으면 한다. 지키는 것이 버는 것보다 중요하니까.

감사하기

감사를 한마디로 정의하자면, 나는 '잠시 멈추기'라고 생각한다. 감사하는 사람은 항상 단락을 짓고 멈추기를 시도한다. 그리고 현 상황을 평가한다. 오늘 아침 등기가 온다고 연락이 왔다. 꼭 본인이 받아야 한다. 그런데 나는 아침에 사우나에 가기로 미리 계획을 세웠다. 그러면 불평이 시작된다. "왜 내가 꼭 뭘 하려고 하면 이렇게 방해하지?"

그런데 여기서 잠시 멈춰보자. 누군가에게는 중요한 일이니 비싼 등기료를 지불하고 나에게 보냈을 것이다. 나도 상대에게 중요한 대상이기 때문이기도 하다. 그리고 내가 등기를 제때 받아주면 집배원의 수고를 반으로 줄여줄 수도 있다. 등기를 받기로 마음먹으니 한결 마음도 가볍고 감사할 수 있었다.

잠시 멈추면 생각도 유연해지고 감사할 제목도 생긴다. 너무 바빠 내 시간과 내 계획에 쫓기니 감사할 겨를도 없고, 감사할 제목도 없다. 멈추고 뒤집어 보라. 감사의 제목은 널려 있다. 감사하면 가벼워진다. 그리고 세상이 아름답게 보인다.

감정에 이름 붙이기

신경과학에서는 자신이 느끼는 나쁜 감정이 정확히 무엇인지 이름을 붙이는 것만으로도 그 감정이 완화된다고 말한다. 즉, 그 감정이 분노인지, 슬픔인지, 스트레스인지, 외로움인지 말해보는 것이다. 몇 단어로 자신의 감정을 단순화해 말하려면 전전두 피질이 활성화되어야 하기 때문에 변연계의 자극은 줄어든다. 즉, 나쁜 감정을 줄이는 데 도움이 된다.

나도 나쁜 감정을 느낀다. 솔직히 분노심을 많이 느끼는 듯하다. 이 감정에 이름 붙이기를 보면서 '바퀴벌레'라고 이름 지었다. 분노심은 내 평온한 감정을 갉아먹어 버리기 때문이다. 그래서 마음에 불평과 원망만 남는다. 그런데 기분 나쁜 '바퀴벌레'라고 이름 지으니 분노심이 생기면 미리 피해버리게 된다.

직접 결정하기

네이처에 게재된 하버드 대학교 란드 교수의 연구팀은 지원자를 모집해 일정 금액의 돈을 준 다음 그 돈 중 얼마를 기부해 사용하는지 관찰했다. 그러자 결정이 빠른 사람일수록 기부 확률이 높다는 사실이 드러났다. 반대로 무슨 일이든 서둘러 결정하지 않고 숙고하는 유형의 사람은 자신의 이익을 우선하는 경향이 뚜렷했다.

연구팀은 추가 실험에 나섰다. 판단 속도가 더딘 실험 참여자에게 신속하게 판단해 달라고 재촉했다. 그러자 기부 확률

이 크게 높아졌다. 결정을 빨리하면 자기중심적 행동보다 이타적 행동이 늘어나는 셈이다.[35]

무엇이든 스스로 결정하는 습관이 나를 도덕적으로, 이타적으로, 그리고 책임감 있는 사람으로 만든다. 요즘 결정장애라고 고민하는 사람들이 많다. 이유는 간단하다. 내 속의 이기심 때문이다. 직접 결정하라. 타인이 나의 인생을 결정하면 타인의 인생을 살게 된다. 그리고 내 인생이라는 생각이 들지 않아 피동적으로 된다. 직접 스스로 결정하라. 그리고 위 연구 결과처럼 빨리 직감적으로 결정하라. 그러면 감정놀음에서 자유롭고 여유롭게 이타적인 사람으로 살 수 있다. 책임감은 보너스다.

신체 접촉

코브 박사는 포옹이 신경전달물질과 옥시토신을 분비해 편도체의 반응성을 감소시킨다고 설명했다. 손잡기, 등 토닥이기, 악수도 효과가 있다. 파트너가 손을 잡아 준 피험자는 전기 충격을 기다리는 동안 불안감이 감소했다는 연구 결과도 있다. 안아줄 사람이 없다면 마사지를 받는 것도 좋다. 이 또한 옥시토신 분비를 촉진하는 효과적인 방법이며, 스트레스

호르몬을 줄이고 도파민 수치를 증가시키는 것으로 밝혀졌다.³⁶⁾

지난 주말 아내와 공원을 산책했다. 내 옆구리 사이로 살포시 아내가 팔짱을 낀다. 역시나 쑥스럽지만, 반대로 모든 스트레스가 다 날아간 기분이다. 그리고 도락산 자락으로 기우는 태양과 노을, 양털 구름은 얼마나 아름답게 보이는지.

에필로그

1980년 12월 12일.

골목에서 혼자 '돌막치기'를 하던 내게

"빨리 들어와! 빨리 들어와!" 어머니가 소리치신다.

싫다고 도망치려는 순간,

"아버지 돌아가셨어!"

어리둥절했다. 진짜 사람이 죽나?

순간 고민스러웠다. 아버지는 1년 넘게 누워계셨다.

"거짓말하지 마! 아버지 다리 밟으라고 그러는 거지?"

말길을 못 알아먹는 철부지였다. 어머니 말씀은 사실이었다. 그 후로는 진짜 남의 말을 잘 알아차려야 했다. 형들의 눈치가 보통 힘든 게 아니었다. 나는 거의 스트레스 해소제, 샌드백이었다.

학교 정문에서 오십 미터 거리에 살았다. 우리 집 앞 골목으로 선생님이 퇴근하신다. 칭찬받고 싶어 퇴근 시간에 골목길을 빗자루로 쓸었다. 담임선생님께서 다른 분들과 함께 오고 계셨다. 달려가 인사했다. 그런데 선생님은 인상을 찌푸리며 이렇게 말씀하신다.

"이경재! 너 왜 육성회비 안내? 내일까지 꼭 납부해!"

그 후로 골목을 쓸러 나가지 않았다.

초등학교 5학년 종례 시간. 선생님은 쌀 한 가마를 주시면서 메고 가라 하신다. 불우 급우 돕기로 모은 쌀이다. 같은 반 친구들에게 포위된 느낌이었다. 정부미 포대를 어깨에 메고 걸었다. 교실에서 정문까지 오십 미터, 정문에서 집까지 오십 미터, 단 백 미터 거리가 그날은 오천 미터보다 길게 느껴졌다.

다음날, 짝은 나에게 말을 걸지 않았다. 섭섭했다. 이전 선생님들은 '하교하고 한 시간 후에 다시 오라'고, 그것도 조용히 귀띔해 주셨다. 어린 마음에 상처받을까 배려해 주셨다.

아마 그 시기였던 것 같다. 국어 시간에 일어나 책을 읽으라고 하면 읽지 못했다. 난독증인지 무대 공포증인지, 책을 읽다가 막혀서 주저앉아 울어버린 일도 있었다. 12살 나이에 세상이 너무 가혹하다고 생각했다. 도둑질하는 동네 형도 쫓아다녔다. 석간신문을 돌리며 받는 2만 8천 원이 그나마 위안이었다. 그런데 도무지 앞은 캄캄했다.

중학교 1학년 11월 겨울, 목사님(당시 전도사님)께서 오후에 우리 집에 심방을 오셨다. 그리고 바로 그날 수요예배에 나갔다.
"사람의 마음에는 두 마음이 있습니다. 하나는 하나님의 마음, 다른 하나는 육신의 마음입니다."
누구에게는 너무 당연한 말이지만, 나는 이 말씀이 내 인생의 갈림길이었다.
"내 안의 마음(心理) 싸움(戰)에서 육신의 마음에게 지기 때문에 늘 가난하고 위축되고 좌절하고 게으르게 살고 있는 겁니다"라고 말씀하셨다. 로마서 7장 말씀이다.

그 후로는 소심하게 겁내며 우는 일은 줄어들었다. 나도 무엇이든 할 수 있을 것 같았다. 가난, 불행, 공부를 이겨내는 방법은 바로 나만 이기면 되는 일임을 깨달았다. 무엇보다 내 마음의 상태를 유심히 관찰했다. 타인의 마음도 ….
고등학교 시절에는 말 잘하는 아이로 통했다. 같은 반 친구들이 내 말에 주목하고 재밌어했다. 대학에서 주최하는 설교

대회에서 당시 1학년인 내가 전체 2등을 했다. 다른 교회에서 어린이 부흥회를 인도해 달라고 요청도 들어왔다.

군에서 교관 연구 강의에 불합격해 본 일은 없다. 사실 교관 연구 강의는 일단 한 번 불합격시키고 보는데, 자랑이지만 난 예외였다. 센스쟁이라는 별명이 붙었다. 상관이 무엇을 원하는지, 무슨 말을 듣고 싶어 하는지, 질문하는 의도가 무엇인지 파악하는 능력이 남보다는 좋았다. 요즘 말로 니즈(Needs)를 아는데 남달랐다고 생각한다.

이유는 분명하다. 형들의 눈칫밥, 가난과 차별, 무섭기로 소문난 목사님 밑에서 10년을 배웠다. 그래서 그런지 상대의 생각, 감정에 누구보다 관심이 많았다.

괴롭고 힘들었지만, 지나 보니 잠깐이었다. 나를 바르게 볼 수만 있다면 이겨낼 수 있다.

"거만하게 위에서 자신을 내려보라!"

하나님께 늘 감사한다.

저녁이면 웃음이 넘치는 우리 집. 섬기는 오직예수교회와 사랑하는 성도들이 계셔서 늘 행복하다. 그리고 일터와 학교에서 끝없이 일하고 공부하는 복도 주셨다. 오늘 밤도 하나님께서 깊은 잠, 좋은 잠을 주실 것이다.

끝까지 읽어주셔서 감사합니다. 이 책이 나오기까지 도움 주신 아트설교 대표 김도인 목사님, 이영철 목사님, 디자인소리, 멘토로서 늘 격려와 용기를 주시는 참좋은교회 이능순 목사님, 그리고 그 밖에 모든 분들께 감사드립니다.

2022년 11월
이경재 목사

주석

01) 나는 가해자의 엄마입니다 - 해설 앤드루 솔로몬.

02) 로버트 그린, 인간 본성의 법칙, p. 15.

03) 로버트 그린, 인간 관계의 법칙, p. 185.

04) C. S. Lewis, 일곱 가지 악과 선, '게으름 편'에서.

05) 로버트 그린, 유혹의 법칙, p. 174.

06) 로버트 그린, 인간 본성의 법칙, p. 416.

07) 로버트 그린, 앞의 책, p. 431.

08) 로버트 그린, 앞의 책, p. 433.

09) 기시미 이치로, 고가 후미타케, 미움받을 용기 2, p. 72.

010) 로버트 그린, 인간 욕망의 법칙, p. 44.

11) 로버트 그린, 앞의 책, p. 39.

12) 로버트 그린, 권력의 법칙, p. 197.

13) 로버트 그린, 앞의 책, p. 189.

14) 로버트 그린, 인간 욕망의 법칙, p. 2.

15) 로버트 그린, 권력의 법칙, p. 35.

16) 아프락사스: 영지주의 문헌에선 천사로, 수탉의 머리에 사람의 몸, 다리가 뱀이고 방패와 채찍을 들고 갑옷을 입은 괴이한 모습을 한 신. 싱클레어가 자기 안의 데미안을 만나는 모습으로 형상화되었다고 해석.

17) 로버트 그린, 인간 본성의 법칙, p. 466.

18) 백경학, 맥주에 취한 세계사.

19) 로버트 그린, 인간 욕망의 법칙, p. 134.

20) 로버트 그린, 앞의 책, p. 57.

21) 로버트 그린, 앞의 책, p. 205.

22) 출처: https://www.healthline.com/health/gaslighting

23) 출처: https://www.psychologytoday.com

24) 다윗의 네 번째 아내. 다윗이 왕궁을 거닐 때 목욕하는 장면이 눈에 띄어 다윗과 동침하기에 이름. 하지만 자기 장수인 우리아의 아내임을 알고, 다윗은 우리아를 사지로 보내 전사하게 한다. 그리고 밧세바를 왕비로 받아들인다. 그녀의 몸에서 다윗의 후계자 솔로몬이 나온다.

25) 출처: 오이디푸스 콤플렉스 [Oedipus complex] (상식으로 보는 세상의 법칙 : 심리편, 이동귀).

26) 세마포 겉옷 위에 걸치는 소매 없는 조끼 모양의 윗옷으로, 제사장들이 직무를 수행할 때 입었던 의복(출 39:2-21), (라이프 성경사전, 2006. 8. 15. 가스펠서브)

27) 이동귀, 상식으로 보는 세상의 법칙, 심리편.

28) 출처: 서울 아산병원, 질환백과.

29) 미 정신질환 진단 통계편람.

30) 출처: [네이버 지식백과] 충동조절장애 [impulse control disorders] (서울대학교병원 의학정보, 서울대학교병원).

31) 이카가야 유지, 세상에서 가장 재미있는 61가지 심리실험, 인간관계 편.

32) 기시미 이치로, 고가 후미타케, 미움받을 용기 2, p. 263.

33) 히가시노 게이코, 나미야 잡화점의 기적, p. 199.

34) 로버트 그린, 권력의 법칙, p. 10.

35) 이카가야 유지, 세상에서 가장 재미있는 61가지 심리실험, 인간관계 편.

36) 출처: '건강을 위한 정직한 지식' DAUM 코메디닷컴.